KEMUKAAN, KEANGGUNAN, DAN KECERIAAN MURNI COKLAT TRUFFLES

Tingkatkan Selera Anda dengan 100 Resipi yang Tidak Boleh Dilawan

Jane Manicka

Bahan Hak Cipta ©2023

Hak cipta terpelihara

Tiada bahagian buku ini boleh digunakan atau dihantar dalam apa jua bentuk atau dengan apa jua cara tanpa kebenaran bertulis yang sewajarnya daripada penerbit dan pemilik hak cipta, kecuali petikan ringkas yang digunakan dalam semakan. Buku ini tidak boleh dianggap sebagai pengganti nasihat perubatan, undang-undang atau profesional lain.

ISI KANDUNGAN

ISI KANDUNGAN 3
PENGENALAN 7
FRUITY TRUFFLES 9
   1. Chocolate Açaí Truffles 10
   2. Truffle Kek Keju Raspberi 12
   3. Truffle Avokado Coklat 14
   4. Truffle Coklat Oren 16
   5. Truffle Kurma 18
   6. Bacon PisangTruffle 20
   7. Apricot Cinnamon Truffles 22
   8. Truffle Ceri Coklat 24
   9. Truffle Oren 26
   10. Truffle Strawberi-Lemonade 29
   11. Truffle Bunga Matahari Strawberi 31
   12. Kismis, Kranberi, dan Truffle Plum 33
   13. Raspberi Truffle Fudge 35
   14. Truffle Beri Citrus 37
   15. Truffle Kelapa Dicincang 39
   16. Kek Buah Oren Truffle 41
TRUFFLES EKSOTIK 43
   17. Matcha Truffles 44
   18. Truffle Pretzel Karamel Masin 46
   19. Truffle kek lobak merah 48
   20. Truffle Halia Oren 50
   21. Truffle Pudina Bavaria 52
   22. Truffle Gianduja 54
   23. Truffle marshmallow 56
   24. Lavender dan Truffle Madu 58
   25. Buah pelaga dan Rose Truffles 60
TRUFFLES BEREMPAH 62
   26. Truffle cili ikan bilis 63
   27. Truffle Coklat Cili Berempah 65
   28. Buah Pelaga Rose Truffles 67

29. Truffle Berempah Roti Halia 69
30. Truffle Coklat Lima Rempah 71
31. Truffle Oren Berempah 73

TRUFFLE BOOZY 75
32. Ceri Bersalut Coklat Hitam 76
33. Truffle Coklat Putih Horchata 78
34. Truffle Rum Kelapa 80
35. Truffle Raspberi Coklat Putih 82
36. Boozy Oreo Truffles 84
37. Truffle Wain Ara dan Port 86
38. MacaroonChocolate Truffles 88
39. Grand Marnier Truffles 91
40. Kahlua Truffles 94
41. Holiday Truffles dengan Boozy Pusing 97
42. Bourbon Pecan Truffles 99
43. Truffle Champagne 101
44. Truffle pengsan coklat 103

NUTTY TRUFFLES 105
45. Mocha Badam Truffles 106
46. Truffle dulse buah ara dan kenari 108
47. Truffle Hazelnut Crunch 110
48. Truffle Badam 112
49. Pistachio Rose Truffles 115
50. Truffle Maple Kenari 117
51. Truffle Crunch Mentega Kacang 119
52. Truffle Karamel Gajus 121
53. Truffle Coklat Putih Kacang Macadamia 123
54. Truffle Kulit Badam 125
55. Truffle Wafer Badam 127
56. Truffle Badam Mediterranean 129
57. Nanaimo Truffles 131
58. Truffle Mentega Kacang 134
59. Pistachio marzipan truffle 136
60. Truffle Berangan 138
61. Pecan Truffles 141

TRUFFLES COKLAT 143
62. Truffle Coklat 144

63. Truffle Kelapa Coklat 146
64. Truffle Coklat Hitam 148
65. Truffle Coklat Pudina 150
66. Truffle Coklat Mentega Kacang 152
67. Coklat PutihkelapaTruffle 154
68. Nutella Truffles 156
69. Kek Coklat Serpihan Truffles 159
70. 3-Ramuan Truffle 161
71. Gourmet Truffles 163
72. Chocolate Lavender Truffles 165
73. Truffle Coklat Perancis 167
74. Ladamint Truffles Disember 169
75. ToffeeTruffle 171

KOPI TRUFFLES 173

76. Kopi Coklat Truffle 174
77. Expresso Truffles 176
78. Cappuccino Truffles 178
79. Kopi Ireland Truffles 180
80. Espresso Badam Truffles 182
81. Tiramisu Truffles 184
82. Kopi dan Truffle Hazelnut 186
83. Karamel Macchiato Truffles 188
84. Mocha Badam Truffles 190
85. Kopi dan Truffle Kelapa 192

TRUFFLES CHEESY 194

86. Truffle Vanila Keju Krim 195
87. Truffle Coklat dan Keju Krim 197
88. Keju dan Jem Truffles 199
89. Truffle Keju dan Kucai 201
90. Truffle Keju Cheddar dan Bacon 203
91. Keju Biru dan Truffle Kenari 205
92. Brie dan Kranberi Truffles 207
93. Keju Kambing dan Herba Truffle 209
94. Lada Jack dan Jalapeño Truffles 211

PENJELASAN BERINSPIRASIKAN TRUFFLE 213

95. Kek Keju Truffled 214
96. Kek Cawan Truffle Hazelnut 216

97. Torte Truffle Mudah 218
98. Truffle Tartufo Ais krim 220
99. Kuki Truffle Koko 223
100. Pai Truffle Kuki Krim Sebat 225
KESIMPULAN **227**

PENGENALAN

Kemanjaan, keanggunan, dan kebahagiaan tulen semuanya bersatu dalam bentuk truffle coklat. Hidangan bersaiz gigitan ini, dibuat daripada coklat yang kaya dan berbaldu, telah memikat peminat dan pakar pencuci mulut selama berabad-abad. Dengan teksturnya yang licin, cair di mulut anda dan pelbagai jenis perisa yang lazat, truffle coklat telah menjadi sinonim dengan kemewahan dan kecemerlangan masakan. Sertai kami dalam perjalanan yang menggembirakan sambil kami meneroka dunia truffle coklat dan temui sebab ia terus menjadi keseronokan abadi.

Truffle coklat, sering dikaitkan dengan masakan Perancis, mempunyai sejarah yang bermula sejak akhir abad ke-19. Nama mereka berasal dari persamaan yang mereka miliki dengan kulat berharga yang ditemui di hutan Perancis. Secara tradisinya, truffle dibuat dengan ganache—campuran coklat dan krim—yang digulung menjadi bebola dan ditaburi serbuk koko. Selama bertahun-tahun, pembuat coklat yang inovatif telah mengubah sfera elegan ini menjadi kanvas untuk eksperimen kulinari, menyelitkannya dengan pelbagai perisa dan membungkusnya dalam salutan seperti kacang hancur, gula tepung atau emas yang boleh dimakan.

Daya tarikan coklat truffle bukan sahaja terletak pada rasa yang indah tetapi juga pada keserbagunaannya. Daripada gabungan klasik seperti coklat gelap dengan kulit oren hingga gabungan berani seperti karamel garam laut atau ganache yang diselit cili, pelbagai perisa kelihatan tidak berkesudahan. Sama ada anda mendambakan keamatan pahit-manis truffle coklat gelap atau lebih suka nota licin dan berkrim daripada varian coklat susu, terdapat truffle yang sesuai dengan setiap selera. Hidangan lazat ini juga telah berkembang melangkaui koko tradisional, dengan coklat putih, matcha, dan juga variasi buah-buahan memberikan kejutan yang menggembirakan kepada penggemar coklat di mana-mana sahaja.

Menikmati truffle coklat ialah pengalaman yang melibatkan semua deria. Apabila truffle perlahan-lahan cair di lidah, ia mengeluarkan rasa yang kompleks, membawa anda dalam perjalanan rasa dan tekstur. Aroma yang memanjakan memenuhi udara, meningkatkan jangkaan dan menambah keseronokan keseluruhan. Dengan penampilannya yang elegan, truffle coklat menjadikannya sebagai tambahan yang menawan pada mana-mana meja pencuci mulut atau hadiah yang bijak untuk seseorang yang istimewa. Persembahan indah dan cita rasa mewah mereka mengangkat momen biasa menjadi kenangan yang luar biasa.

FRUITY TRUFFLES

1. <u>Chocolate Açaí Truffles</u>

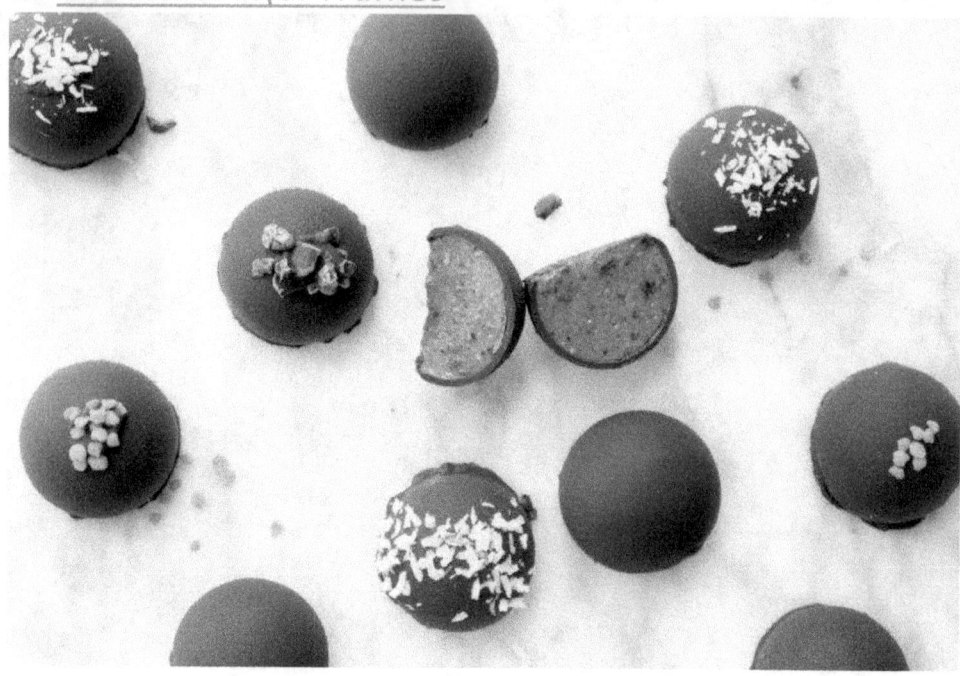

BAHAN-BAHAN:
- ½ Açaí Puree
- ¼ Cawan Minyak Kelapa, cair
- ½ Cawan kurma Medjool pit dikeluarkan
- ¼ Cawan Biji Rami
- 2 sudu besar Serbuk Kakao
- 2 sudu besar Madu
- Secubit Sos Coklat untuk digulung

TOPIS:
- Debunga lebah
- Serpihan Kelapa
- Biji Kakao
- Serbuk Cayenne

ARAHAN:

a) Dalam pemproses makanan, gabungkan açaí, minyak kelapa, kurma, serpihan kelapa, biji rami, serbuk koko, madu dan garam.

b) Masukkan adunan ke dalam mangkuk, tutup dan sejukkan sekurang-kurangnya sejam. Setelah adunan anda mengeras, cedok bebola bersaiz sudu teh. Gulung setiap bola dalam sos coklat. Pastikan ia tertutup sepenuhnya, kemudian ketepikan untuk mengeras.

c) Sebelum coklat betul-betul set, taburkan dengan topping anda.

2. Kek Keju Raspberi Truffle

BAHAN-BAHAN:
- 2 Sudu Besar Krim Berat
- 8 Auns Keju Krim, Dilembutkan
- ½ Cawan Serbuk Swerve
- Secubit Garam Laut
- 1 Sudu Teh Vanila Stevia
- 1 ½ Sudu Teh Ekstrak Raspberi
- 2-3 Titisan Pewarna Makanan Merah Asli
- ¼ Cawan Minyak Kelapa, Dicairkan
- 1 ½ Cawan Coklat Cip, Tanpa Gula

ARAHAN:
a) Untuk memulakan, gunakan pengadun untuk menggabungkan swerve dan keju krim anda dengan teliti sehingga berkrim.
b) Satukan krim, ekstrak raspberi, stevia, garam dan pewarna makanan dalam mangkuk adunan yang besar.
c) Pastikan segala-galanya digabungkan dengan baik.
d) Masukkan Minyak Kelapa anda dan gaul sehingga semuanya sebati.
e) Jangan lupa untuk mengikis bahagian tepi mangkuk anda sekerap yang anda perlu selesaikan. Biarkan ia duduk di dalam peti sejuk selama satu jam. Tuangkan adunan ke dalam senduk biskut yang berdiameter kira-kira ¼ inci, dan kemudian ke atas loyang yang telah disediakan dengan kertas minyak.
f) Bekukan campuran ini selama sejam, dan kemudian salutkannya dengan coklat cair anda untuk menyelesaikannya! Ia perlu diletakkan di dalam peti sejuk selama satu jam lagi untuk mengeras sebelum dihidangkan.

3. Chocolate Avocado Truffles

BAHAN-BAHAN:
- 1 Sudu Teh Ekstrak Vanila, Tanpa Gula
- 3 ½ Auns Coklat Hitam
- 1 buah Avocado, Diadu & Dikupas
- ¼ Cawan Mentega Kelapa
- ½ Sudu Teh Kayu Manis
- 2 Sudu Besar Serbuk Koko
- Garam Laut Secukup Rasa
- Stevia secukup rasa

ARAHAN:
a) Untuk memulakan, sediakan dandang berganda untuk mencairkan coklat gelap anda, dan kemudian sediakan pemproses makanan untuk memprosesnya. Dalam pemproses makanan, pukul bersama alpukat, mentega kelapa, kayu manis, esen vanila, stevia, dan garam laut sehingga sebati. Denyut sehingga adunan sebati.
b) Masukkan coklat cair perlahan-lahan dan gaul rata.
c) Biarkan campuran ini berehat di dalam peti sejuk selama satu jam. Cedok sepuluh bola dan gulungkannya dalam serbuk koko untuk menyalutnya dengan teliti.
d) Benarkan bebola anda sejuk selama lima belas minit di dalam peti sejuk sebelum menyampaikannya kepada tetamu anda.

4. Truffle Coklat Oren

BAHAN-BAHAN:
- 1/4 cawan mentega tanpa garam
- 3 sudu besar krim kental
- 1 sudu besar minyak sayuran
- 4(1 auns) coklat separuh manis segi empat sama, dicincang
- 2 sudu besar jus oren
- 1 sudu teh parutan kulit oren
- 4 (1 auns) coklat separuh manis segi empat sama, dicincang

ARAHAN:
a) Dalam kuali sederhana, campurkan bersama mentega dan krim pada api sederhana tinggi dan biarkan mendidih.
b) Keluarkan dari api dan masukkan 4 auns coklat cincang, jus oren dan kulit oren dan kacau sehingga rata.
c) Letakkan campuran truffle ke dalam loyang roti 9X5 inci dan sejukkan untuk menyejukkan selama kira-kira 2 jam.
d) Lapik loyang dengan kertas lilin.
e) Dengan sudu kecil bulat, buat bebola kecil dari adunan dan susun di atas loyang yang disediakan.
f) Sejukkan untuk menyejukkan selama kira-kira 30 minit.
g) Di bahagian atas dandang berganda di atas air yang mendidih sedikit, cairkan baki 4 auns coklat dengan minyak, kacau sehingga rata.
h) Keluarkan dari api dan biarkan sejuk sehingga suam.
i) Letakkan truffle, satu demi satu ke dalam adunan coklat cair dan salutkan dengan rata.
j) Susun truffle di atas loyang dan sejukkan sehingga set.

5. Truffle Kurma

BAHAN-BAHAN:
- 10 biji kurma, dikeringkan dan diadu
- 2 sudu teh serbuk ashwagandha
- ½ cawan cip coklat gelap atau separa manis
- 1 sudu teh minyak kelapa, ditapis
- Garam laut dan bijan untuk topping

ARAHAN:

a) Menggunakan pengisar atau pemproses makanan, kisar kurma dan ashwagandha menjadi pes.

b) Gulung menjadi bebola kecil. Jika terlalu melekit untuk dibentuk, sejukkan selama 10 minit.

c) Sementara itu, panaskan cip coklat dan minyak kelapa dalam kuali kecil dengan api sederhana. Kacau selalu.

d) Celupkan bola kurma ke dalam coklat untuk disalut, dan selamatkan dengan sudu.

e) Letakkan di atas loyang yang telah dialas dengan kertas minyak dan taburkan dengan garam laut dan bijan.

f) Sejukkan atau bekukan untuk menyejukkan dan tetapkan coklat.

6. Banana Bacon Truffle

BAHAN-BAHAN:
- 10 keping daging ayam belanda
- 8 (1 auns) petak coklat separuh manis
- 2 pisang, dikupas
- 5 sudu besar mentega kacang halus, dibahagikan

ARAHAN:
a) Panaskan kuali besar pada api sederhana tinggi dan masak bacon selama kira-kira 10 minit.
b) Pindahkan bacon ke atas pinggan berlapik tuala kertas untuk toskan dan potong 1 inci.
c) Cairkan 2/3 daripada coklat di bahagian atas dandang berganda di atas air yang hampir mendidih, kacau sehingga coklat cair sepenuhnya.
d) Masukkan baki coklat cincang.
e) Keluarkan dari api dan kacau sehingga suhu coklat turun kepada 88-90 F darjah dan kebanyakan kepingan coklat telah cair.
f) Buang mana-mana kepingan yang tidak cair dan tahan coklat di atas air suam untuk dicelup.
g) Potong setiap pisang menjadi kepingan 1 inci dan potong setiap bahagian ke bahagian tengah untuk membuat separuh bulan.
h) Sapukan bahagian bawah setiap separuh bulan dengan kira-kira 1/2 sudu teh mentega kacang.
i) Lekatkan kepingan pisang, bahagian mentega kacang ke bawah pada segi empat sama daging dan lidi pisang dan daging bersama-sama dengan pencungkil gigi.
j) Salutkan pisang dan bacon dengan coklat cair secara rata.
k) Susun hidangan yang telah dicelup pada kertas parchment untuk menyejukkan dan tetapkan.

7. Apricot Cinnamon Truffles

BAHAN-BAHAN:
- 11/2 Cawan keseluruhan, badam tanpa garam
- 2 cawan aprikot kering
- 2 sudu kecil kayu manis
- 2 sudu kecil ekstrak badam
- 1/2 cawan kelapa parut manis

ARAHAN:
a) Dalam pemproses makanan, masukkan semua bahan kecuali kelapa dan nadi sehingga adunan menjadi bebola seperti doh.
b) Dengan tangan anda, gulungkan adunan menjadi bebola 1 inci.
c) Salutkan bebola dengan kelapa.

8. Truffle Ceri Coklat

BAHAN-BAHAN:
- 14 auns coklat gelap, dipecahkan kepada kepingan kecil
- ¾ cawan krim berat
- ½ cawan ceri kering, dicincang halus
- 2 sudu besar cuka balsamic
- Secubit garam
- ½ cawan serbuk koko

ARAHAN:
a) Dalam periuk sederhana, cairkan coklat dan krim kental di atas api sederhana sehingga rata, kacau sentiasa.
b) Kacau dalam ceri, cuka, dan garam; gaul sebati.
c) Tuang adunan coklat ke dalam loyang bersaiz 8- x 8 inci dan sejukkan selama kira-kira 2 jam atau sehingga set.
d) Letakkan serbuk koko dalam mangkuk.
e) Menggunakan bebola tembikai atau sudu penyukat yang kukuh, cedok 1 sudu besar adunan coklat.
f) Gulung menjadi bola licin di antara tapak tangan anda; coklat akan menjadi comot.
g) Letakkan dalam serbuk koko dan gulungkan bola sehingga bersalut sama rata; ulang sehingga semua adunan coklat digunakan.
h) Sejukkan truffle sehingga sedia untuk dihidangkan.

9. Truffle Oren

BAHAN-BAHAN:
- 16 auns coklat gelap
- 1 cawan krim putar berat
- 1 oren
- 1 cawan serbuk koko

ARAHAN:
a) Potong coklat dengan tangan atau dalam pemproses makanan. Saiz seragam diperlukan. Sasarkan saiz yang lebih kecil daripada kacang tetapi lebih besar daripada serbuk.
b) Pastikan coklat tidak cair. Setelah coklat dicincang, pindahkan ke mangkuk kaca sederhana.
c) Panaskan dalam ketuhar gelombang mikro selama 30 saat dengan kuasa rendah untuk memanaskan mangkuk dan melembutkan sedikit coklat.
d) Dalam cawan penyukat kaca 16 auns, masak krim dengan berhati-hati sehingga mendidih di dalam ketuhar gelombang mikro.
e) Apabila krim mula mendidih, ia akan cepat naik ke tepi, jadi periksa setiap 15 saat atau lebih selepas minit pertama.
f) Cepat tetapi berhati-hati tuangkan krim panas ke atas coklat sekaligus. Dengan menggunakan kayu kacau, tenggelamkan mana-mana gundukan coklat ke dalam krim.
g) Tunggu satu minit penuh untuk coklat mula cair sebelum memulakan langkah seterusnya.
h) Buat emulsi dengan kacau hanya di tengah mangkuk dengan kayu kacau anda dalam bulatan kecil tetapi cepat, sehingga ganache kelihatan berkilat dan gelap. Apabila emulsi terbentuk, anda boleh kacau secara beransur-ansur dalam bulatan yang lebih besar dan lebih besar sehingga keseluruhan mangkuk digabungkan. Keseluruhan proses ini sepatutnya mengambil masa tidak lebih daripada 2 minit.
i) Ganache mungkin masih mempunyai beberapa ketul coklat pepejal di dalamnya.
j) Ini boleh dicairkan dengan berhati-hati dengan memanaskan dalam ketuhar gelombang mikro selama tidak lebih daripada 8 saat pada satu masa.
k) Kacau sekurang-kurangnya 1 minit sebelum dipanaskan semula jika perlu. Berhati-hati supaya ganache tidak terlalu panas. Ini boleh

menyebabkan emulsi pecah dan lemak terpisah, sekali gus merosakkan truffle.

l) Perahkan oren di atas mangkuk untuk menangkap sebanyak mungkin minyak oren. Pastikan untuk tidak memerah terlalu dalam, kerana empulur boleh menjadi sangat pahit. Kacau dalam semangat.

m) Isi kon parchment separuh jalan dengan ganache dan potong bukaan ¼ inci di bahagian bawah kon. Paipkan ganache dalam busut kecil bersaiz Hershey Kiss pada kertas parchment. Biarkan, di dalam peti sejuk jika perlu, selama 10 minit.

n) Memakai sarung tangan, cepat-cepat picit busut menjadi bentuk bola kasar dan biarkan ia diletakkan di atas kertas parchment.

o) Luangkan tidak lebih daripada 2 hingga 3 saat pada setiap truffle, atau ia mungkin cair terlalu banyak dengan kepanasan tangan anda. Jika tangan anda panas, gunakan sarung tangan berganda dan kerja lebih cepat. Setelah semua truffle telah dibentuk secara kasar menjadi bola, gulungkan setiap satunya dengan cepat di antara tapak tangan anda untuk membuat truffle yang lebih bulat.

p) Menggunakan sudu, salutkan truffle dengan menggulungnya dalam mangkuk cetek atau pinggan serbuk koko.

q) Simpan dalam bekas kedap udara di dalam peti sejuk sehingga 3 hari

10. Strawberi-Lemonade Truffles

BAHAN-BAHAN:
- 26 auns coklat putih, dibahagikan
- 6 sudu besar mentega
- 1 sudu besar kulit limau
- 1 sudu teh jus lemon
- ⅓ sudu teh asid tartarik Secubit garam
- 2 sudu besar pengawet strawberi

ARAHAN:
a) Basuh semua coklat putih menggunakan kaedah di sini dan sahkan bahawa anda mempunyai perangai yang baik dengan menyapu sedikit coklat di kaunter.
b) Ini harus ditetapkan dalam masa 2 minit. Ketepikan 16 auns.
c) Lembutkan mentega dalam ketuhar gelombang mikro dan kemudian uli dalam bantal kertas parchment (lihat di sini) sehingga mentega hangat dan konsisten krim muka.
d) Campurkan mentega ke dalam 10 auns coklat terbaja sehingga adunan sebati dan kelihatan seperti sutera.
e) Masukkan bahan yang tinggal dan kacau rata.
f) Paipkan ganache ke dalam acuan persegi 1 inci.
g) Biarkan duduk di kaunter atau letak dalam peti sejuk selama 20 minit untuk mengeras.
h) Mereka sedia untuk dicelup apabila ganache keluar dari acuan dengan bersih.
i) Menggunakan garpu celup dua serampang, celupkan truffle ke dalam baki 16 auns coklat putih terbaja.
j) Hiaskan dengan meletakkan mentega koko merah jambu dan kuning di atas setiap truffle sebelum mencelupkan yang seterusnya.
k) Biarkan tetap di kawasan sejuk selama 10 hingga 20 minit sebelum menanggalkan helaian pemindahan.
l) Simpan sehingga 3 minggu pada suhu bilik di tempat gelap jauh dari bau dan haba.

11. Truffle Bunga Matahari Strawberi

BAHAN-BAHAN:
COKLAT:
- 2 cawan minyak kelapa, cair
- 1 cawan serbuk koko tanpa gula
- 1/2 cawan madu mentah, cair
- 2 sudu besar serbuk stevia

PENGISIAN STRAWBERI:
- 3/4 cawan strawberi
- 1/4 cawan minyak kelapa
- 1/4 Cawan mentega biji bunga matahari
- 2 sudu besar madu mentah
- 1/2 lemon, dijus
- 1 biji vanila, belah memanjang dan biji dikikis
- 1/4 sudu kecil garam batu Himalaya

ARAHAN:
a) Dalam mangkuk, masukkan 2 cawan minyak kelapa, serbuk koko, 1/2 cawan madu dan serbuk stevia dan pukul sehingga rata.
b) Dalam pemproses makanan, masukkan strawberi, 1/4 Cawan minyak kelapa, mentega biji bunga matahari, 2 sudu besar madu, jus lemon, biji kacang vanila dan garam batu dan nadi sehingga halus.
c) Pindahkan adunan ke dalam mangkuk dan sejukkan.
d) Letakkan kira-kira separuh daripada campuran coklat ke dalam bahagian bawah acuan truffle dan beku selama kira-kira 10 minit.
e) Simpan baki coklat di tepi pada suhu bilik.
f) Letakkan kira-kira 1 1/2 sudu kecil hingga 1 sudu besar isi strawberi di atas coklat beku dan tutup dengan coklat yang tinggal.
g) Bekukan truffle selama kira-kira 15 minit.

12. Kismis, Kranberi dan Truffle Plum

BAHAN-BAHAN:
- 1 1/2 Cawan kenari
- 1 cawan plum kering esen oren (prun)
- 1/2 cawan Kranberi kering
- 1/2 cawan kismis biasa
- 1 sudu teh kayu manis
- 1/4 sudu kecil halia kisar
- 1 sudu teh ekstrak vanila

ARAHAN:
a) Dalam pemproses makanan, masukkan semua bahan dan nadi sehingga adunan menjadi bebola seperti doh.
b) Dengan tangan anda, gulungkan adunan menjadi bebola 1 inci.
c) Salutkan bebola dengan kelapa.

13. Raspberi Truffle Fudge

BAHAN-BAHAN:
- 3 cawan cip coklat separuh manis
- 1 (14 auns) tin susu pekat manis
- 11/2 sudu kecil garam ekstrak vanila secukup rasa
- 1/4 cawan krim berat
- 1/4 cawan jus buah
- 2 cawan cip coklat separuh manis

ARAHAN:
a) Griskan loyang 9x9 inci dengan semburan masak tidak melekat dan alas dengan kertas lilin.
b) Dalam mangkuk yang selamat untuk ketuhar gelombang mikro, campurkan bersama 3 cawan cip coklat dan susu pekat manis serta ketuhar gelombang mikro sehingga coklat cair, kacau sekali-sekala.
c) Masukkan vanila dan garam.
d) Pindahkan adunan ke dalam kuali dan sejukkan pada suhu bilik.
e) Dalam mangkuk yang selamat untuk ketuhar gelombang mikro, campurkan bersama krim, jus dan 2 cawan cip coklat dan ketuhar gelombang mikro sehingga coklat cair.
f) Sejukkan adunan hingga suam, kemudian letakkan di atas lapisan fudge.
g) Sejukkan sekurang-kurangnya 1 jam.
h) Potong menjadi kepingan 1 inci.

14. Citrus Beri Truffles

BAHAN-BAHAN:
- 1 cawan coklat putih, dicincang halus
- Serbuk 1 oren
- Perahan 1 lemon
- ½ cawan krim berat
- 1 sudu besar jus oren
- 1 sudu besar jus lemon
- ½ cawan beri campuran, dicincang halus
- ¼ cawan gula tepung
- ¼ cawan kelapa parut tanpa gula (pilihan, untuk salutan)

ARAHAN:
a) Letakkan coklat putih dalam mangkuk tahan panas.
b) Dalam periuk kecil, panaskan krim berat di atas api sederhana sehingga ia mula mendidih. Keluarkan dari haba.
c) Tuangkan krim panas ke atas coklat putih yang telah dicincang dan biarkan selama satu minit.
d) Kacau adunan sehingga coklat benar-benar cair dan licin.
e) Masukkan kulit oren, kulit limau, jus oren, jus lemon, beri campuran, dan gula tepung ke dalam adunan coklat. Gaul hingga sebati.
f) Tutup mangkuk dengan bungkus plastik dan sejukkan selama kira-kira 2 jam, atau sehingga adunan menjadi padat.
g) Sendukkan sesudu kecil adunan sejuk dan gulung menjadi bebola kecil.
h) Pilihan: Gulungkan truffle dalam kelapa parut tanpa gula untuk bersalut sama rata.
i) Letakkan truffle dalam bekas kedap udara dan sejukkan sehingga sedia untuk dihidangkan.

15. Truffle Kelapa Dicincang

BAHAN-BAHAN:
- 2 (16 auns) kotak gula gula
- 1 (14 auns) tin susu pekat manis
- 1 cawan mentega
- 21/2 Cawan kenari cincang
- 1 (14 auns) bungkusan kelapa parut
- 1 (24 auns) beg coklat cip

ARAHAN:
a) Lapik loyang dengan kertas lilin.
b) Dalam mangkuk, campurkan gula, susu pekat manis dan mentega.
c) Kacau dalam kenari dan kelapa dalam adunan gula.
d) Dengan bungkus plastik, tutup mangkuk dan beku selama sekurang-kurangnya 1 jam.
e) Buat bebola kira-kira 1 inci daripada adunan dan letakkan di atas loyang yang disediakan.
f) Bekukan selama sekurang-kurangnya 30 minit.
g) Cairkan cip coklat dalam dandang berganda, kacau sekali-sekala hingga rata.
h) Salutkan bebola dengan coklat cair.
i) Letakkan di atas loyang yang telah disediakan dan sejukkan sehingga coklat mengeras.

16. Kek Buah Oren Truffle

BAHAN-BAHAN:
- 6 (1 auns) coklat separuh manis segi empat sama, dicincang
- 1/2 cawan gula gula yang diayak
- 3 sudu besar krim putar
- 3 sudu besar mentega
- 2 sudu besar jus oren
- 1 cawan serbuk kek buah

ARAHAN:
a) Dalam kuali, masukkan coklat, krim dan mentega pada api yang sangat perlahan dan cair sehingga sebati dan sebati.
b) Masukkan jus dan serbuk kek buah.
c) Sejukkan untuk sejuk selama kira-kira 2 jam
d) Buat kira-kira bebola 1 inci daripada campuran dan sejukkan untuk menyejukkan sekurang-kurangnya 20 minit.
e) Sebelum dihidangkan, salutkan dengan gula aising dan sejukkan selama kira-kira 20 minit.

TRUFFLES EKSOTIK

17. <u>Matcha Truffles</u>

BAHAN-BAHAN:
- 225 gram krim berat
- ¼ cawan sirap maple
- 2 sudu besar gula merah
- 1 sudu teh Green Tea Matcha, ditambah satu sudu lagi untuk habuk
- 340 gram coklat pahit manis, dicincang halus
- Secubit Garam Matcha atau garam halal

ARAHAN:

a) Bawa krim hingga mendidih dalam periuk kecil dengan api yang lembut, tambah sirap maple dan gula perang, dan kacau sehingga larut, kira-kira 2 minit.

b) Masukkan 1 sudu besar matcha, kacau sehingga larut, dan ketepikan.

c) Letakkan coklat dalam mangkuk adunan besar dan tuangkan adunan krim. Gaul sebati, dan tuangkan ke dalam loyang yang telah dialas dengan kertas parchment. Ratakan dengan spatula getah. Sejukkan di dalam peti sejuk selama kira-kira sejam.

d) Menggunakan sudu, cedok satu sudu teh timbunan, dan buat bola menggunakan tapak tangan anda. Ulangi sehingga semua coklat digunakan -anda harus menggulung dengan kira-kira 50 truffle.

e) Letakkannya di atas dulang atau pinggan, dan taburkannya dengan matcha tambahan, menggunakan ayak halus. Teratas dengan taburan matcha yang sangat ringan.

18. Truffle Pretzel Karamel Masin

BAHAN-BAHAN:
- 8 auns coklat gelap, dicincang halus
- ½ cawan krim berat
- 2 sudu besar mentega tanpa garam, pada suhu bilik
- ¼ cawan sos karamel masin
- Pretzel dihancurkan, untuk salutan

ARAHAN:

a) Letakkan coklat gelap yang dicincang dalam mangkuk tahan panas.

b) Dalam periuk kecil, panaskan krim berat di atas api sederhana sehingga ia mula mendidih. Keluarkan dari haba.

c) Tuangkan krim panas ke atas coklat cincang dan biarkan ia tidak terganggu selama 1-2 minit.

d) Kacau adunan perlahan-lahan sehingga coklat benar-benar cair dan licin.

e) Masukkan mentega dan sos karamel masin. Kacau sehingga sebati sepenuhnya.

f) Tutup mangkuk dengan bungkus plastik dan sejukkan sekurang-kurangnya 2 jam atau sehingga padat.

g) Menggunakan sudu kecil atau sudu kecil, bahagikan ganache dan gulungkannya menjadi bebola.

h) Gulungkan truffle dalam pretzel yang telah dihancurkan untuk disalut.

i) Simpan truffle di dalam peti sejuk sehingga sedia untuk dinikmati.

19. Truffle kek lobak merah

BAHAN-BAHAN:
- 3 cawan sisa Carrot Cake
- 4 sudu besar Kek Cheese Cecair
- ½ hidangan Milk Serpihan, dikisar halus dalam pemproses makanan
- 3 auns coklat putih, cair

ARAHAN:
a) Satukan sisa kek lobak merah dan 25 g (2 sudu besar) kek keju cair dalam mangkuk pengadun berdiri yang dipasang dengan lampiran dayung dan dayung sehingga cukup lembap untuk diuli menjadi bebola. Jika ia tidak cukup lembap untuk berbuat demikian, tambah sehingga 25 g (2 sudu besar) lebih banyak kek keju cair dan uli ke dalamnya.

b) Dengan menggunakan sudu sup, bahagikan 12 bola genap, setiap satu separuh saiz bola Ping-Pong. Gulung setiap satu di antara tapak tangan anda untuk membentuk dan melicinkannya menjadi sfera bulat.

c) Masukkan serbuk susu yang telah dikisar ke dalam mangkuk sederhana. Dengan sarung tangan lateks, letakkan 2 sudu besar coklat putih di tapak tangan anda dan gulung setiap bola di antara tapak tangan anda, salutkannya dengan lapisan nipis coklat cair; tambah lagi coklat mengikut keperluan.

d) Masukkan 3 atau 4 bola bersalut coklat pada satu masa ke dalam mangkuk serbuk susu. Segera toskan mereka dengan serbuk untuk disalut, sebelum cangkerang coklat ditetapkan dan tidak lagi bertindak sebagai gam (jika ini berlaku, salutkan sahaja bola dalam lapisan nipis coklat cair yang lain).

e) Sejukkan selama sekurang-kurangnya 5 minit untuk menetapkan sepenuhnya kulit coklat sebelum dimakan atau disimpan. Dalam bekas kedap udara, truffle akan disimpan sehingga 1 minggu di dalam peti sejuk.

20. Truffle Halia Oren

BAHAN-BAHAN:
- 8 auns coklat gelap, dicincang halus
- ½ cawan krim berat
- 2 sudu besar mentega tanpa garam, pada suhu bilik
- Serbuk 1 oren
- ½ sudu teh halia kisar
- Gula pasir atau kulit oren, untuk salutan

ARAHAN:
a) Letakkan coklat gelap yang dicincang dalam mangkuk tahan panas.
b) Dalam periuk kecil, panaskan krim berat di atas api sederhana sehingga ia mula mendidih. Keluarkan dari haba.
c) Tuangkan krim panas ke atas coklat cincang dan biarkan ia tidak terganggu selama 1-2 minit.
d) Kacau adunan perlahan-lahan sehingga coklat benar-benar cair dan licin.
e) Masukkan mentega, kulit oren dan halia kisar. Kacau sehingga sebati sepenuhnya.
f) Tutup mangkuk dengan bungkus plastik dan sejukkan sekurang-kurangnya 2 jam atau sehingga padat.
g) Menggunakan sudu kecil atau sudu kecil, bahagikan ganache dan gulungkannya menjadi bebola.
h) Canai truffle dalam gula pasir atau kulit oren tambahan untuk disalut.
i) Simpan truffle di dalam peti sejuk sehingga sedia untuk dihidangkan.

21. <u>Truffle Pudina Bavaria</u>

BAHAN-BAHAN:
- 1 cawan coklat gelap, dicincang halus
- ½ cawan krim berat
- ½ sudu teh ekstrak pudina
- 2 sudu besar mentega tanpa garam, dilembutkan
- ¼ cawan gula tepung
- Pewarna makanan hijau (pilihan)
- ¼ cawan serbuk koko (untuk habuk)
- Daun pudina untuk hiasan (pilihan)

ARAHAN:

a) Letakkan coklat gelap dalam mangkuk tahan panas.

b) Dalam periuk kecil, panaskan krim berat di atas api sederhana sehingga ia mula mendidih. Keluarkan dari haba.

c) Tuangkan krim panas ke atas coklat gelap yang dicincang dan biarkan selama satu minit.

d) Kacau adunan sehingga coklat benar-benar cair dan licin.

e) Masukkan ekstrak pudina, mentega lembut, dan gula tepung ke dalam adunan coklat. Gaul hingga sebati.

f) Jika dikehendaki, tambahkan beberapa titis pewarna makanan hijau untuk mencapai warna hijau minty.

g) Tutup mangkuk dengan bungkus plastik dan sejukkan selama kira-kira 2 jam, atau sehingga adunan menjadi padat.

h) Sendukkan sesudu kecil adunan sejuk dan gulung menjadi bebola kecil.

i) Gulungkan truffle dalam serbuk koko untuk menyalutnya dengan sekata.

j) Letakkan truffle dalam bekas kedap udara dan sejukkan sehingga sedia untuk dihidangkan.

k) Hiaskan dengan daun pudina, jika mahu, sebelum dihidangkan.

22. Truffle Gianduja

BAHAN-BAHAN:
- 1 cawan coklat susu, dicincang halus
- ½ cawan pes hazelnut atau Nutella
- ¼ cawan krim berat
- ¼ cawan hazelnut yang dicincang halus
- Serbuk koko atau gula tepung (untuk menggulung)

ARAHAN:

a) Letakkan coklat susu dalam mangkuk tahan panas.

b) Dalam periuk kecil, panaskan krim berat di atas api sederhana sehingga ia mula mendidih. Keluarkan dari haba.

c) Tuangkan krim panas ke atas coklat susu yang telah dicincang dan biarkan selama satu minit.

d) Kacau adunan sehingga coklat benar-benar cair dan licin.

e) Masukkan pes hazelnut (atau Nutella) ke dalam adunan coklat. Gaul hingga sebati.

f) Kacau dalam hazelnut yang dicincang halus.

g) Tutup mangkuk dengan bungkus plastik dan sejukkan selama kira-kira 2 jam, atau sehingga adunan menjadi padat.

h) Sendukkan sesudu kecil adunan sejuk dan gulung menjadi bebola kecil.

i) Gulungkan truffle dalam serbuk koko atau gula tepung untuk menyalutnya dengan sekata.

j) Letakkan truffle dalam bekas kedap udara dan sejukkan sehingga sedia untuk dihidangkan.

k) Nikmati perisa Gianduja Truffles yang kaya dan pedas!

23. Truffle marshmallow

BAHAN-BAHAN:
- 1 cawan coklat susu, dicincang halus
- ½ cawan krim berat
- 1 cawan marshmallow, bersaiz mini atau biasa, dipotong menjadi kepingan kecil
- ¼ cawan serbuk koko tanpa gula (untuk menggulung)

ARAHAN:

a) Letakkan coklat susu dalam mangkuk tahan panas.

b) Dalam periuk kecil, panaskan krim berat di atas api sederhana sehingga ia mula mendidih. Keluarkan dari haba.

c) Tuangkan krim panas ke atas coklat susu yang telah dicincang dan biarkan selama satu minit.

d) Kacau adunan sehingga coklat benar-benar cair dan licin.

e) Masukkan kepingan marshmallow ke dalam adunan coklat dan kacau sehingga ia sebati sepenuhnya.

f) Tutup mangkuk dengan bungkus plastik dan sejukkan selama kira-kira 2 jam, atau sehingga adunan menjadi padat.

g) Sendukkan sesudu kecil adunan sejuk dan gulung menjadi bebola kecil.

h) Gulungkan truffle dalam serbuk koko tanpa gula untuk menyalutnya dengan sekata.

i) Letakkan truffle dalam bekas kedap udara dan sejukkan sehingga sedia untuk dihidangkan.

24. Lavender dan Truffle Madu

BAHAN-BAHAN:
- 8 auns coklat gelap, dicincang halus
- 1/2 cawan krim berat
- 1 sudu besar tunas lavender kering
- 2 sudu besar madu
- Bunga lavender yang boleh dimakan untuk hiasan

ARAHAN:

a) Dalam periuk, panaskan krim berat sehingga panas tetapi tidak mendidih, kemudian masukkan tunas lavender kering. Biarkan curam selama 10 minit.

b) Tapis krim untuk mengeluarkan tunas lavender.

c) Tuangkan krim yang diselitkan lavender ke atas coklat gelap yang dicincang dan kacau sehingga rata.

d) Masukkan madu.

e) Sejukkan ganache sehingga pejal.

f) Gulung menjadi bebola sebesar truffle dan hiaskan dengan bunga lavender yang boleh dimakan.

25. <u>Buah pelaga dan Rose Truffles</u>

BAHAN-BAHAN:
- 8 auns coklat putih, dicincang halus
- 1/4 cawan krim berat
- 1/2 sudu teh buah pelaga kisar
- 1 sudu teh air mawar
- Kelopak mawar yang boleh dimakan untuk hiasan

ARAHAN:

a) Panaskan krim kental dalam periuk sehingga panas tetapi tidak mendidih.

b) Angkat dari api dan masukkan coklat putih yang dicincang halus, buah pelaga dan air mawar. Kacau hingga rata.

c) Sejukkan ganache sehingga pejal.

d) Gulung menjadi bebola bersaiz truffle dan hias dengan kelopak mawar yang boleh dimakan.

TRUFFLES BEREMPAH

26. Truffle cili ikan bilis

BAHAN-BAHAN:
- 2 sudu teh kayu manis tanah
- ⅔ cawan krim gajus
- 5 Sudu Besar Mentega
- 3 sudu teh serbuk ancho Chile
- 1 sudu teh serbuk koko
- secubit garam
- ½ paun coklat pahit manis, dicincang

ARAHAN:

a) Panaskan ketuhar hingga 350°F dan alaskan loyang dengan kertas parchment.

b) Satukan krim gajus, 3 sudu besar mentega, 2 sudu teh serbuk ancho Chile, kayu manis, dan garam dalam periuk sederhana; biarkan mendidih, kemudian keluarkan dari api dan sejukkan selama 2 jam.

c) Kembalikan periuk ke tetapan api yang rendah.

d) Keluarkan dari api dan kacau dalam coklat pahit manis dan baki 2 sudu mentega.

e) Kacau selama 2 hingga 3 minit, atau sehingga coklat cair dan adunan telah licin.

f) Tuangkan adunan ke dalam loyang dan sejukkan selama 4 jam.

g) Bentuk adunan menjadi bebola 1 inci dengan sudu dan tangan anda. Sejukkan selama 30 minit.

h) Satukan baki serbuk ancho Chile dan serbuk koko dalam mangkuk, dan gulungkan bola dalam serbuk.

27. Truffle Coklat Cili Berempah

BAHAN-BAHAN:
- 8 auns coklat gelap, dicincang halus
- ½ cawan krim berat
- 2 sudu besar mentega tanpa garam, pada suhu bilik
- ½ sudu kecil serbuk cili (sesuai selera)
- ¼ sudu teh kayu manis tanah
- Serbuk koko, untuk menggulung

ARAHAN:

a) Letakkan coklat gelap yang dicincang dalam mangkuk tahan panas.

b) Dalam periuk kecil, panaskan krim berat di atas api sederhana sehingga ia mula mendidih. Keluarkan dari haba.

c) Tuangkan krim panas ke atas coklat cincang dan biarkan ia tidak terganggu selama 1-2 minit.

d) Kacau adunan perlahan-lahan sehingga coklat benar-benar cair dan licin.

e) Masukkan mentega, serbuk cili, dan kayu manis kisar. Kacau sehingga sebati sepenuhnya.

f) Tutup mangkuk dengan bungkus plastik dan sejukkan sekurang-kurangnya 2 jam atau sehingga padat.

g) Menggunakan sudu kecil atau sudu kecil, bahagikan ganache dan gulungkannya menjadi bebola.

h) Canai truffle dalam serbuk koko sehingga bersalut rata.

i) Simpan truffle di dalam peti sejuk sehingga sedia untuk dinikmati.

28. Buah pelaga Rose Truffles

BAHAN-BAHAN:
- 8 auns coklat gelap, dicincang halus
- ½ cawan krim berat
- 2 sudu besar mentega tanpa garam, pada suhu bilik
- 1 sudu teh buah pelaga yang dikisar
- ½ sudu teh air mawar
- Pistachio dihancurkan atau kelopak mawar, untuk salutan

ARAHAN:

a) Letakkan coklat gelap yang dicincang dalam mangkuk tahan panas.

b) Dalam periuk kecil, panaskan krim berat di atas api sederhana sehingga ia mula mendidih. Keluarkan dari haba.

c) Tuangkan krim panas ke atas coklat cincang dan biarkan ia tidak terganggu selama 1-2 minit.

d) Kacau adunan perlahan-lahan sehingga coklat benar-benar cair dan licin.

e) Masukkan mentega, buah pelaga tanah, dan air mawar. Kacau sehingga sebati sepenuhnya.

f) Tutup mangkuk dengan bungkus plastik dan sejukkan sekurang-kurangnya 2 jam atau sehingga padat.

g) Menggunakan sudu kecil atau sudu kecil, bahagikan ganache dan gulungkannya menjadi bebola.

h) Gulungkan truffle dalam pistachio yang dihancurkan atau kelopak mawar untuk disalut.

i) Simpan truffle di dalam peti sejuk sehingga sedia untuk dihidangkan.

29. Truffle Berempah Roti Halia

BAHAN-BAHAN:
- 8 auns coklat putih, dicincang halus
- ½ cawan krim berat
- 2 sudu besar mentega tanpa garam, pada suhu bilik
- 1 sudu teh halia kisar
- ½ sudu teh kayu manis tanah
- ¼ sudu teh pala tanah
- ¼ sudu teh bunga cengkih kisar
- Biskut roti halia yang dihancurkan, untuk salutan

ARAHAN:
a) Letakkan coklat putih yang dicincang dalam mangkuk tahan panas.
b) Dalam periuk kecil, panaskan krim berat di atas api sederhana sehingga ia mula mendidih. Keluarkan dari haba.
c) Tuangkan krim panas ke atas coklat cincang dan biarkan ia tidak terganggu selama 1-2 minit.
d) Kacau adunan perlahan-lahan sehingga coklat benar-benar cair dan licin.
e) Masukkan mentega, halia yang telah dikisar, kayu manis yang telah dikisar, buah pala yang telah dikisar, dan bunga cengkih yang telah dikisar. Kacau sehingga sebati sepenuhnya.
f) Tutup mangkuk dengan bungkus plastik dan sejukkan sekurang-kurangnya 2 jam atau sehingga padat.
g) Menggunakan sudu kecil atau sudu kecil, bahagikan ganache dan gulungkannya menjadi bebola.
h) Gulungkan truffle dalam biskut roti halia yang telah dihancurkan untuk disalut.
i) Simpan truffle di dalam peti sejuk sehingga sedia untuk dinikmati.

30. Truffle Coklat Lima Rempah

BAHAN-BAHAN:
- 8 auns coklat gelap, dicincang halus
- ½ cawan krim berat
- 2 sudu besar mentega tanpa garam, pada suhu bilik
- 1 sudu teh serbuk lima rempah Cina
- Bijan panggang, untuk salutan

ARAHAN:

a) Letakkan coklat gelap yang dicincang dalam mangkuk tahan panas.

b) Dalam periuk kecil, panaskan krim berat di atas api sederhana sehingga ia mula mendidih. Keluarkan dari haba.

c) Tuangkan krim panas ke atas coklat cincang dan biarkan ia tidak terganggu selama 1-2 minit.

d) Kacau adunan perlahan-lahan sehingga coklat benar-benar cair dan licin.

e) Masukkan mentega dan serbuk lima rempah Cina. Kacau sehingga sebati sepenuhnya.

f) Tutup mangkuk dengan bungkus plastik dan sejukkan sekurang-kurangnya 2 jam atau sehingga padat.

g) Menggunakan sudu kecil atau sudu kecil, bahagikan ganache dan gulungkannya menjadi bebola.

h) Gulungkan truffle dalam biji bijan panggang untuk disalut.

i) Simpan truffle di dalam peti sejuk sehingga sedia untuk dihidangkan.

31. Truffle Oren Berempah

BAHAN-BAHAN:
- 8 auns coklat gelap, dicincang halus
- ½ cawan krim berat
- 2 sudu besar mentega tanpa garam, pada suhu bilik
- Serbuk 1 oren
- ½ sudu teh kayu manis tanah
- Serbuk koko, untuk menggulung

ARAHAN:

a) Letakkan coklat gelap yang dicincang dalam mangkuk tahan panas.

b) Dalam periuk kecil, panaskan krim berat di atas api sederhana sehingga ia mula mendidih. Keluarkan dari haba.

c) Tuangkan krim panas ke atas coklat cincang dan biarkan ia tidak terganggu selama 1-2 minit.

d) Kacau adunan perlahan-lahan sehingga coklat benar-benar cair dan licin.

e) Masukkan mentega, kulit oren, dan kayu manis yang telah dikisar. Kacau sehingga sebati sepenuhnya.

f) Tutup mangkuk dengan bungkus plastik dan sejukkan sekurang-kurangnya 2 jam atau sehingga padat.

g) Menggunakan sudu kecil atau sudu kecil, bahagikan ganache dan gulungkannya menjadi bebola.

h) Canai truffle dalam serbuk koko sehingga bersalut rata.

i) Simpan truffle di dalam peti sejuk sehingga sedia untuk dinikmati.

TRUFFLE BOOZY

32. Ceri Bersalut Coklat Hitam

BAHAN-BAHAN:
- 40 auns ceri maraschino dengan batang, toskan
- 1 ¾ cawan rum berempah lebih kurang untuk menutup ceri
- 1 ½ cawan coklat gelap
- 1 sudu teh shortening pilihan, mungkin tidak diperlukan
- ½ cawan gula pasir

ARAHAN:
a) Toskan ceri, simpan jus untuk tujuan lain. Ia tidak akan digunakan dalam resipi ini tetapi bagus untuk koktel dan banyak lagi.
b) Letakkan ceri dalam balang mason bersaiz kuartal atau bekas lain. Tutup sepenuhnya dengan rum berempah. Tutup dan sejukkan selama sekurang-kurangnya 24 jam, sehingga 72 jam. Semakin lama ceri berada di dalam rum, semakin kuat mereka akan rasa.
c) Seterusnya, toskan ceri yang direndam rum. Simpan rum yang diselitkan ceri ini. Ia sangat bagus untuk koktel. Letakkan ceri pada lapisan tuala kertas selama 10 minit. Langkah ini memastikan salutan coklat akan melekat pada buah.
d) Alas dulang atau pinggan dengan kertas parchment. Letakkan gula hiasan ke dalam pinggan atau mangkuk cetek.
e) Cairkan coklat gelap mengikut arahan pakej. Gunakan mangkuk kecil yang cukup dalam untuk mencelupkan ceri.
f) Jika coklat terlalu pekat, kacau lebih kurang satu sudu teh shortening sehingga cair dan coklat menjadi licin.
g) Semasa coklat suam, celupkan ceri satu persatu. Mula-mula celup ke dalam coklat kemudian ke dalam gula.
h) Letakkan ceri yang dicelup ke atas kertas yang disediakan. Apabila selesai mencelup semua ceri, sejukkan sehingga set.

33. Truffle Coklat Putih Horchata

BAHAN-BAHAN:
- 1 cawan campuran kek vanila Perancis diayak
- ¼ sudu teh kayu manis tanah
- 4 auns keju krim
- 11 auns beg cip coklat putih, dibahagikan
- 1 sudu besar mentega
- ⅓ cawan Chila 'Orchata
- 1 sudu besar minyak kelapa
- Taburan untuk hiasan

ARAHAN:

a) Gunakan pengadun elektrik untuk krim bersama keju krim dan mentega.

b) Cairkan separuh daripada cip coklat putih dengan memasukkannya ke dalam gelombang mikro dan kacau setiap 30 saat sehingga rata.

c) Masukkan coklat ke dalam pengadun dan satukan dengan adunan krim keju. Masukkan Chila Rum.

d) Gunakan penapis untuk menapis adunan kek ke dalam mangkuk yang berasingan untuk mengeluarkan semua ketulan.

e) Masukkan kayu manis ke dalam adunan kek.

f) Perlahan-lahan masukkan bahan kering ke dalam mangkuk pengadun dan gaul untuk menggabungkannya.

g) Sejukkan campuran ini selama beberapa jam untuk membantu mengisi padat.

h) Gunakan sudu kecil untuk membuat bebola inti. Menggunakan tangan anda, gulungkannya menjadi bebola (mungkin melekit tetapi tidak mengapa) dan kemudian gulung dalam gula tepung. Bekukan selama 30 minit.

i) Keluarkan mereka dari peti sejuk dan bentuk semula bola, jika dikehendaki.

j) Microwave separuh lagi cip coklat putih dengan 1 sudu besar minyak kelapa, kacau setiap 30 saat sehingga rata.

k) Gunakan sudu untuk mencelupkan bola ke dalam salutan coklat dan salutkannya dengan teliti.

l) Pindahkannya ke dalam lembaran pembakar beralas kertas lilin dan segera masukkan taburan dan hiasan.

m) Letakkannya semula ke dalam peti sejuk sebentar untuk ditetapkan.

n) Hidangkan bola dalam cawan gula-gula. Nikmati!

34. Truffle Rum Kelapa

BAHAN-BAHAN:
- 8 auns coklat gelap, dicincang halus
- ½ cawan krim berat
- 2 sudu besar mentega tanpa garam, pada suhu bilik
- ¼ cawan kelapa parut
- 2 sudu besar rum
- Serpihan kelapa bakar, untuk salutan

ARAHAN:
a) Letakkan coklat gelap yang dicincang dalam mangkuk tahan panas.
b) Dalam periuk kecil, panaskan krim berat di atas api sederhana sehingga ia mula mendidih. Keluarkan dari haba.
c) Tuangkan krim panas ke atas coklat cincang dan biarkan ia tidak terganggu selama 1-2 minit.
d) Kacau adunan perlahan-lahan sehingga coklat benar-benar cair dan licin.
e) Masukkan mentega, kelapa parut, dan rum. Kacau sehingga sebati sepenuhnya.
f) Tutup mangkuk dengan bungkus plastik dan sejukkan sekurang-kurangnya 2 jam atau sehingga padat.
g) Menggunakan sudu kecil atau sudu kecil, bahagikan ganache dan gulungkannya menjadi bebola.
h) Gulungkan truffle dalam kepingan kelapa bakar untuk disalut.
i) Simpan truffle di dalam peti sejuk sehingga sedia untuk dihidangkan.

35. Truffle Raspberi Coklat Putih

BAHAN-BAHAN:
- 200 g coklat putih
- 50 g krim berat
- 10 g raspberi kering beku
- raspberi kering beku tambahan untuk salutan

ARAHAN:

a) Kisar raspberi kering beku menjadi habuk. (Pengisar rempah atau kopi berfungsi dengan baik untuk ini!)

b) Ayak serbuk sekurang-kurangnya sekali untuk mengeluarkan biji

c) Potong coklat putih menjadi kepingan kecil.

d) Dalam ketuhar gelombang mikro, panaskan krim kental sehingga panas. Jangan rebus!

e) Tuang krim panas ke atas coklat dan biarkan selama beberapa minit.

f) Masukkan serbuk buah dan gaul hingga sebati. Gunakan lebih banyak serbuk untuk rasa raspberi yang lebih kuat dan warna yang lebih dalam.

g) Jika perlu, microwave dalam selang 5 saat sehingga cair sepenuhnya dan licin.

h) Sejukkan ke suhu bilik.

i) Cedok bebola kecil ke atas loyang bergaris, dan sejukkan lagi.

j) Gulungkan setiap bola di antara tapak tangan anda sehingga licin.

k) Gulungkan setiap bebola yang terbentuk dalam serbuk buah yang tinggal sehingga bersalut sepenuhnya. Tos perlahan-lahan antara jari anda untuk menghilangkan serbuk tambahan. Gulung beberapa kali lagi untuk memastikan serbuk melekat sepenuhnya pada coklat.

l) Hidangkan pada suhu bilik.

36. Boozy Oreo Truffles

BAHAN-BAHAN:
- 3 cawan serbuk biskut Oreo
- 1 cawan gula tepung
- ⅓ cawan minuman keras krim
- 2 sudu besar sirap jagung ringan
- serbuk koko, untuk salutan

ARAHAN:
a) Campurkan semua bahan ke dalam mangkuk besar.
b) Gulung menjadi bola satu inci.
c) Salut dengan serbuk koko.
d) Sejukkan selama beberapa jam atau semalaman.

37. Truffle Wain Ara dan Port

BAHAN-BAHAN:
- 8 auns coklat gelap, dicincang halus
- 1/4 cawan krim berat
- 1/4 cawan buah tin kering, dicincang halus
- 2 sudu besar Port wine
- Pistachio dihancurkan untuk salutan

ARAHAN:

a) Panaskan krim kental dalam periuk sehingga panas tetapi tidak mendidih.

b) Keluarkan dari haba dan tambah coklat gelap yang dicincang halus, buah tin kering dan wain Port. Kacau hingga rata.

c) Sejukkan ganache sehingga pejal.

d) Gulung menjadi bebola sebesar truffle dan salut dengan pistachio yang telah dihancurkan.

38. Truffle Coklat Amaretto

BAHAN-BAHAN:
UNTUK MACAROONCHOCOLATE TRUFFLES:
- 2⅔ cawan coklat separa manis, dicincang halus
- 1 cawan krim berat
- 1 sudu teh ekstrak badam
- 2 dan ½ Sudu Besar minuman keras Amaretto
- 6 Sudu besar mentega tanpa garam, potong kiub kecil

UNTUK SAPUTAN COKLAT:
- 2⅔ cawan coklat separa manis, dicincang halus
- ¼ cawan badam, dicincang kasar

ARAHAN:
UNTUK MACAROONCHOCOLATE TRUFFLES:
a) Letakkan coklat cincang dalam mangkuk kalis haba bersaiz sederhana dan ketepikan.
b) Dalam periuk kecil di atas api sederhana, masak krim sehingga mendidih. Sebaik sahaja ia mula mendidih, keluarkan krim dari api.
c) Tuangkan krim ke atas coklat yang dicincang dan biarkan campuran itu duduk, tidak disentuh, selama satu minit. Pukul rata. Masukkan ekstrak badam, amaretto, dan mentega dan pukul dengan kuat sehingga licin dan berkilat.
d) Ketepikan dan sejukkan pada suhu bilik. Tutup rapat mangkuk dengan bungkus plastik dan sejukkan selama 2 jam atau sehingga cukup pejal untuk dicedok.
e) Sebelum anda mula menggulung truffle anda, pastikan anda mempunyai ruang yang cukup di dalam peti sejuk anda untuk kedua-dua helaian pembakar; truffle mesti sejuk semula sebelum dicelup dalam salutan coklat.

UNTUK GULUNG:
f) Lapik dua helai pembakar besar dengan kertas parchment dan ketepikan.
g) Ambil kira-kira 3 sudu teh inti truffle dan gulungkan dengan cepat di antara tangan anda untuk membentuk bola. Pindahkan ke lembaran pembakar yang disediakan, dan ulangi dengan semua truffle. Sejukkan truffle yang telah digulung selama sekurang-kurangnya 20 minit sebelum dicelup ke dalam coklat.
h) Sementara itu, anda boleh memanjakan coklat anda.

UNTUK SAPUTAN COKLAT:

i) Isi periuk sederhana satu pertiga penuh dengan air dan biarkan ia mendidih dengan api sederhana. Letakkan mangkuk kalis haba yang sesuai di atas kuali, tetapi tidak akan menyentuh air yang mendidih, di atas kuali. Kecilkan api dan masukkan dua pertiga coklat ke dalam mangkuk. Letakkan termometer gula-gula ke dalam coklat dan biarkan ia cair, kacau selalu dengan spatula silikon. *Jangan biarkan suhu coklat melebihi 120°F.

j) Apabila coklat telah cair sepenuhnya, keluarkan mangkuk dari api, tetapi simpan periuk air mendidih di atas penunu. Lap bahagian bawah mangkuk untuk mengeluarkan sebarang pemeluwapan.

k) Kacau dalam baki coklat, sedikit demi sedikit, biarkan apa yang anda tambah cair sepenuhnya sebelum menambah lagi.

l) Ketepikan dan biarkan coklat sejuk hingga 82°F. Setelah coklat telah mencapai 82°F, letakkannya semula di atas air yang sedang mendidih dan panaskan semula pada suhu antara 88°F dan 91°F. Keluarkan mangkuk dari haba setelah anda mencapai suhu yang betul. Coklat hendaklah licin dan berkilat, tanpa coretan.

m) Menggunakan garpu atau gayung gula-gula, celupkan setiap truffle ke dalam coklat, biarkan lebihan coklat menitis kembali ke dalam mangkuk sebelum memindahkannya kembali ke lembaran pembakar garisan kertas parchment. Teratas setiap truffle dengan taburan badam cincang.

n) Ketepikan dan biarkan coklat mengeras sebelum dihidangkan lebih kurang 1 jam. Simpan dalam bekas kedap udara, pada suhu bilik, sehingga 1 minggu.

39. Grand Marnier Truffles

BAHAN-BAHAN:
- 1 paun coklat gelap dicincang halus
- 1 cawan krim berat aka krim putar
- 6 sudu besar mentega tanpa garam pada suhu bilik, potong dadu
- ¼ cawan Grand Marnier
- ½ cawan serbuk koko diayak

ARAHAN:
a) Letakkan coklat cincang dalam mangkuk kalis haba bersaiz sederhana. Ketepikan sehingga diperlukan.

b) Dalam periuk kecil di atas api sederhana, masak krim sehingga mendidih. Sebaik sahaja ia mula mendidih, keluarkan krim dari api.

c) Tuangkan krim panas ke atas coklat yang dicincang dan biarkan adunan itu duduk, tidak disentuh, selama satu minit. Kemudian pukul hingga rata.

d) Masukkan mentega dan Grand Marnier dan pukul dengan kuat sehingga licin dan berkilat.

e) Ketepikan dan sejukkan pada suhu bilik. Kemudian tutup rapat mangkuk dengan bungkus plastik dan sejukkan selama 2 dan ½ jam atau sehingga cukup pejal untuk dicedok.

f) Letakkan serbuk koko dalam pinggan cetek lebar dan ketepikan.

PERHIMPUNAN:
g) Sebelum anda memulakan, pastikan anda mempunyai ruang yang cukup di dalam peti sejuk anda untuk kedua-dua helaian pembakar, kerana truffle mesti sejuk semula sebelum dicelup dalam salutan coklat.

h) Lapik dua helai pembakar besar dengan kertas parchment dan ketepikan.

i) Sukat 2 sudu teh inti truffle dan gulungkan dengan cepat di antara tangan anda untuk membentuk bola. Pindahkan ke lembaran pembakar yang disediakan, dan ulangi dengan semua truffle. Sejukkan truffle yang telah digulung selama sekurang-kurangnya 1 jam sebelum dicelup ke dalam coklat. Atau gulung dalam serbuk koko sekali gus, kemudian sejukkan.

j) Untuk mencelup, keluarkan truffle sejuk dari peti sejuk. Dengan menggunakan garpu atau gayung gula-gula, celupkan setiap truffle ke dalam coklat kemudian angkat ke atas mangkuk, biarkan lebihan coklat menitis kembali ke dalam mangkuk sebelum mencelupkannya semula, kemudian angkat dan biarkan apa-apa lebihan coklat menitis kembali ke dalam mangkuk. mangkuk. Setelah truffle telah dicelup dua kali, pindahkan kembali dengan berhati-hati ke dalam loyang yang dialas kertas parchment.

k) Taburkan bahagian atas setiap truffle dengan sedikit garam laut serpihan yang dihancurkan.

l) Ketepikan dan biarkan coklat mengeras sebelum dihidangkan lebih kurang 1 jam. Simpan dalam bekas kedap udara, pada suhu bilik, sehingga 1 minggu.

40. Kahlua Truffles

BAHAN-BAHAN:
TRUFFLES
- ½ paun coklat susu
- ½ paun coklat gelap
- ½ cawan krim berat
- 2 sudu teh serbuk kopi segera
- 2 Sudu Besar Kahlua

MENcelup COKLAT
- 1 ½ cawan coklat gelap
- 2 Sudu Besar Crisco
- Gerimis Coklat Gelap (pilihan)
- 3.4 auns bar coklat gelap
- Gerimis Coklat Putih
- 3.4 auns bar coklat putih

ARAHAN:

a) Letakkan coklat gelap dan coklat susu dalam cawan penyukat 4 cawan besar. Masukkan krim pekat dan serbuk kopi dan masukkan ke dalam ketuhar gelombang mikro. Masak dengan tinggi dalam kenaikan 30 saat sehingga hampir cair. Kacau untuk mencairkan cip yang tinggal. Ia biasanya mengambil masa kira-kira 1 minit.

b) Masukkan Kahlua ke dalam coklat, kacau, dan letakkan campuran di dalam peti sejuk selama kira-kira 2 jam.

c) Lapik helaian biskut dengan kertas lilin. Keluarkan coklat dari peti sejuk dan cedok sesudu kecil dan gulung di antara tapak tangan untuk membuat bola. Letakkan pada helaian kuki. Teruskan dengan coklat yang tinggal. Letakkan semula di dalam peti sejuk/penyejuk beku sambil mencairkan coklat celup.

d) Untuk membuat coklat celup: Letakkan cip coklat dan Crisco dalam cawan penyukat 2 cawan dan masak di atas ketuhar gelombang mikro selama kenaikan 30 saat sehingga hampir cair. Kacau untuk mencairkan cip yang tinggal. Ia sepatutnya mengambil masa kurang daripada 1 minit.

e) Keluarkan truffle dari peti sejuk dan celupkan setiap satu ke dalam coklat cair. (Saya hanya menggunakan jari saya tetapi anda juga boleh menggunakan sudu atau pencungkil gigi) Letakkan kembali pada helaian biskut dengan segera dan anda akan melihat coklat mula mengeras dan bersinar. Selesai mencelup truffle yang tinggal.

f) Untuk menyiram coklat gelap (pilihan), letakkan cip coklat dalam beg plastik kecil yang boleh ditutup semula. Letakkan dalam mangkuk dengan air yang sangat panas. Ia akan cair dalam masa yang sangat singkat. Uli dengan jari untuk melicinkan adunan kemudian potong lubang yang sangat kecil di satu sudut beg dan picit garisan nipis coklat di atas truffle yang telah dicelup.

g) Untuk menyiram coklat putih, letakkan petak coklat putih dalam beg plastik kecil yang boleh ditutup semula. dan ikut arahan untuk hujan renyai coklat gelap.

h) Letakkan semula truffle di dalam peti sejuk untuk mengeras kemudian keluarkan ke bekas bertutup dan simpan di dalam peti sejuk.

41. Truffle Percutian dengan Pusingan Boozy

BAHAN-BAHAN:
- Beg 10 auns cip coklat gelap berkualiti baik
- 2 sudu besar mentega, dihiris kecil
- ½ cawan + 1 sudu besar krim kental
- Taburan untuk topping
- 3 sudu besar minuman keras pilihan anda
- 1 sudu besar kulit oren

ARAHAN:

a) Letakkan 10 auns cip coklat dalam mangkuk pengadun berdiri, dipasang dengan lampiran pukul.

b) Satukan ½ cawan ditambah 1 sudu besar krim kental dan 2 sudu besar mentega dalam periuk kecil.

c) Panaskan dengan api sederhana, kacau selalu sehingga mentega cair dan adunan mendidih. Segera tuangkan ke atas coklat dan biarkan selama 2 minit sehingga coklat menjadi lembut.

d) Pukul coklat dengan perlahan sehingga ia mula cair, tingkatkan kelajuan apabila coklat cair lebih jauh. Apabila coklat benar-benar cair dan gebu, masukkan 1 sudu besar kulit oren (jika guna) dan 3 sudu besar minuman keras pilihan anda.

e) Letakkan adunan coklat di dalam peti sejuk dan sejukkan sehingga pejal (anggaran 3 jam)

f) Dengan menggunakan senduk bebola tembikai, cedok adunan coklat dan canai menjadi bebola. Letakkan di atas loyang yang dialas kertas.

g) Selesai dengan topping pilihan anda.

42. Truffle Pecan Bourbon

BAHAN-BAHAN:
- 1 cawan coklat gelap, dicincang halus
- ½ cawan krim berat
- 2 sudu besar bourbon
- 1 cawan pecan, dicincang halus
- ¼ cawan gula tepung
- Serbuk koko atau pecan dihancurkan untuk digulung

ARAHAN:

a) Letakkan coklat gelap dalam mangkuk tahan panas.

b) Dalam periuk kecil, panaskan krim berat di atas api sederhana sehingga ia mula mendidih. Keluarkan dari haba.

c) Tuangkan krim panas ke atas coklat gelap yang dicincang dan biarkan selama satu minit.

d) Kacau adunan sehingga coklat benar-benar cair dan licin.

e) Masukkan bourbon dan pecan yang dicincang halus ke dalam adunan coklat. Gaul hingga sebati.

f) Tutup mangkuk dengan bungkus plastik dan sejukkan selama kira-kira 2 jam, atau sehingga adunan menjadi padat.

g) Sendukkan sesudu kecil adunan sejuk dan gulung menjadi bebola kecil.

h) Gulungkan truffle dalam serbuk koko atau pecan yang dihancurkan untuk menyalutnya dengan sekata.

i) Letakkan truffle dalam bekas kedap udara dan sejukkan sehingga sedia untuk dihidangkan.

j) Nikmati Bourbon Pecan Truffles yang kaya dan berperisa!

43. Truffle Champagne

BAHAN-BAHAN:
- 1 cawan coklat gelap, dicincang halus
- ½ cawan krim berat
- ¼ cawan champagne
- 2 sudu besar mentega tanpa garam, dilembutkan
- Serbuk koko atau gula tepung untuk menggulung

ARAHAN:

a) Letakkan coklat gelap dalam mangkuk tahan panas.

b) Dalam periuk kecil, panaskan krim berat di atas api sederhana sehingga ia mula mendidih. Keluarkan dari haba.

c) Tuangkan krim panas ke atas coklat gelap yang dicincang dan biarkan selama satu minit.

d) Kacau adunan sehingga coklat benar-benar cair dan licin.

e) Masukkan champagne dan mentega lembut ke dalam adunan coklat. Gaul hingga sebati.

f) Tutup mangkuk dengan bungkus plastik dan sejukkan selama kira-kira 2 jam, atau sehingga adunan menjadi padat.

g) Sendukkan sesudu kecil adunan sejuk dan gulung menjadi bebola kecil.

h) Gulungkan truffle dalam serbuk koko atau gula tepung untuk menyalutnya dengan sekata.

i) Letakkan truffle dalam bekas kedap udara dan sejukkan sehingga sedia untuk dihidangkan.

44. Truffle pengsan coklat

BAHAN-BAHAN:
- 8 auns coklat gelap, dicincang halus
- 1/2 cawan krim berat
- 2 sudu besar mentega tanpa garam
- 2 sudu besar minuman keras coklat
- Serbuk koko, gula tepung atau kacang hancur untuk digulung

ARAHAN:

a) Letakkan coklat gelap yang dicincang halus dalam mangkuk tahan panas.

b) Dalam periuk kecil, panaskan krim berat dan mentega di atas api sederhana sehingga ia mula mendidih. Keluarkan dari haba.

c) Tuangkan adunan krim panas ke atas coklat cincang. Biarkan selama satu atau dua minit untuk membolehkan coklat menjadi lembut.

d) Kacau adunan perlahan-lahan sehingga coklat cair sepenuhnya dan adunan sebati dan sebati.

e) Masukkan minuman keras pilihan anda ke dalam adunan coklat dan kacau sehingga sebati. Minuman keras akan menambah rasa dan sedikit alkohol pada truffle.

f) Tutup mangkuk dengan bungkus plastik dan sejukkan selama kira-kira 2-3 jam atau sehingga adunan cukup pejal untuk dikendalikan.

g) Setelah adunan coklat telah sejuk dan padat, keluarkan dari peti sejuk. Menggunakan satu sudu teh atau sudu kecil, bahagikan sedikit adunan dan gulungkannya menjadi bebola di antara tapak tangan anda. Letakkan truffle yang digulung pada lembaran pembakar atau pinggan yang dialas kertas.

h) Pada ketika ini, anda boleh memilih untuk menggulung truffle dalam serbuk koko, gula tepung atau kacang hancur untuk menyalutnya. Langkah ini adalah pilihan tetapi menambah sentuhan yang bagus dan rasa tambahan.

i) Setelah digulung, kembalikan truffle ke dalam peti sejuk selama kira-kira 30 minit untuk mengeras semula.

j) Selepas sejuk, truffle sedia untuk dinikmati. Simpan di dalam bekas kedap udara di dalam peti sejuk sehingga seminggu.

NUTTY TRUFFLES

45. Truffle Badam Mocha

BAHAN-BAHAN:
- 2 sudu besar air
- 1 sudu besar butiran kopi segera
- ¾ cawan cip coklat separuh manis
- ¾ cawan badam kisar
- ¾ cawan gula gula, dibahagikan

ARAHAN:
a) Dalam periuk sederhana, satukan air dan butiran kopi di atas api sederhana, kacau sehingga butiran kopi larut.
b) Masukkan coklat dan kacau sehingga cair.
c) Keluarkan dari api dan kacau dalam badam dan ½ cawan gula gula sehingga pejal.
d) Bentukkan menjadi 2 dozen bebola 1 inci kemudian canai ke dalam baki ¼ cawan gula gula.
e) Letakkan di atas loyang dan sejukkan selama 10 minit atau sehingga pejal.
f) Hidangkan, atau simpan dalam bekas kedap udara sehingga sedia untuk dihidangkan.

46. Truffle dulse buah ara dan kenari

BAHAN-BAHAN:
- 12 buah ara kering direndam dalam air, dibuang batang dan dibelah dua
- 1 setengah cawan kenari
- 1 sudu besar dulse, dikelupas
- 1 secubit garam
- 1 sudu teh Vanila
- 1 sudu besar mentega koko mentah, parut-pilihan
- ¼ cawan serbuk koko mentah ditambah coklat gelap tambahan atau parut.
- Sedikit jus nanas atau cecair simpanan daripada buah ara yang direndam jika perlu.

ARAHAN:
a) Kisarkan kenari, dulse dan garam dalam pemproses makanan menggunakan bilah S.
b) Toskan buah tin dan simpan cecair.
c) Masukkan buah tin ke dalam kenari dengan bahan-bahan yang tinggal dan nadi sehingga adunan hanya sebati.
d) Bentukkan pada pinggan segi empat sama. Sejukkan dan potong kotak kecil. Habuk dengan koko mentah. Atau gulung menjadi bebola dan taburkan dengan serbuk koko atau coklat parut.

47. Truffle Hazelnut Crunch

BAHAN-BAHAN:
- 8 auns coklat gelap, dicincang halus
- ½ cawan krim berat
- 2 sudu besar mentega tanpa garam, pada suhu bilik
- ½ cawan hazelnut panggang yang dicincang
- ¼ cawan (40g) biskut wafer yang ditumbuk halus (seperti keropok graham)

ARAHAN:
a) Letakkan coklat gelap yang dicincang dalam mangkuk tahan panas.
b) Dalam periuk kecil, panaskan krim berat di atas api sederhana sehingga ia mula mendidih. Keluarkan dari haba.
c) Tuangkan krim panas ke atas coklat cincang dan biarkan ia tidak terganggu selama 1-2 minit.
d) Kacau adunan perlahan-lahan sehingga coklat benar-benar cair dan licin.
e) Masukkan mentega, hazelnut yang dicincang, dan biskut wafer yang dihancurkan. Kacau sehingga sebati.
f) Tutup mangkuk dengan bungkus plastik dan sejukkan sekurang-kurangnya 2 jam atau sehingga padat.
g) Menggunakan sudu kecil atau sudu kecil, bahagikan ganache dan gulungkannya menjadi bebola.
h) Pilihan: Gulungkan truffle dalam hazelnut cincang tambahan atau serbuk koko untuk salutan.
i) Simpan truffle di dalam peti sejuk sehingga sedia untuk dihidangkan.

48. Truffle Badam

BAHAN-BAHAN:
- 3 cawan badam panggang
- 32 auns coklat susu, dibahagikan
- 1 cawan mentega
- 60 gram minuman keras amaretto
- 2 secubit garam

ARAHAN:

a) Gunakan pisau, atau proses dalam pemproses makanan pada nadi, untuk mengurangkan kepingan kacang kepada lebih besar sedikit daripada serbuk roti. Letakkan dalam mangkuk atau pinggan cetek.

b) Panaskan separuh daripada coklat susu menggunakan kaedah di sini.

c) Letakkan mentega di atas kertas parchment. Lipat kertas minyak di sekeliling mentega untuk membentuk "bantal." Ketuhar gelombang mikro bantal mentega selama 10 saat. Uli bantal untuk mengedarkan haba.

d) Teruskan memasak dalam kenaikan 5 saat, pastikan untuk diuli dengan baik di antara pemanasan. Berhati-hati agar tidak mencairkan mentega.

e) Konsistensi yang anda cari adalah serupa dengan mentega yang disebat.

f) Kacau mentega ke dalam coklat terbaja.

g) Setelah ia sebati, masukkan Macaroondan garam ke dalam ganache. Gaul rata hingga sebati.

h) Isi kon parchment separuh jalan dengan ganache dan potong bukaan ¼ inci di hujungnya. Paipkan ganache dalam busut kecil bersaiz Hershey Kiss pada kertas parchment.

i) Biarkan, di dalam peti sejuk jika perlu, selama 10 minit.

j) Memakai sarung tangan, picit busut menjadi bentuk bola kasar dengan cepat dan biarkan ia berehat di atas kertas parchment.

k) Luangkan tidak lebih daripada 2 hingga 3 saat pada setiap truffle, atau ia mungkin cair terlalu banyak dengan kepanasan tangan anda. Jika tangan anda panas, gunakan sarung tangan berganda dan kerja lebih cepat.

l) Setelah semua truffle telah dibentuk secara kasar menjadi bola, gulungkan setiap satunya dengan cepat di antara tapak tangan anda untuk membuat truffle yang lebih bulat.

m) Panaskan baki separuh coklat susu dalam mangkuk kedua menggunakan kaedah di sini.

n) Memakai sarung tangan baharu untuk langkah 8 dan 9, letakkan sehingga 3 truffle dalam mangkuk coklat.

o) Bekerja dengan pantas, gunakan sebelah tangan untuk memastikan truffle disalut sepenuhnya dengan coklat, kemudian gunakan tangan yang sama untuk mengangkat truffle keluar dari mangkuk, membenarkan lebihan coklat menitis sebelum meletakkannya di dalam mangkuk cetek atau pinggan kacang yang disediakan.

p) Sebaliknya, gunakan sudu untuk menggulung setiap truffle ke dalam kacang sehingga bersalut dengan baik. Keluarkan truffle bersalut dengan tangan yang sama dan letakkan di atas kertas parchment.

q) Ulangi langkah 8 dan 9 dengan baki truffle.

r) Simpan dalam bekas kedap udara di kawasan yang sejuk, kering, gelap dan bebas bau sehingga 1 minggu

49. Pistachio Rose Truffles

BAHAN-BAHAN:
- 8 auns coklat putih, dicincang halus
- ½ cawan krim berat
- 2 sudu besar mentega tanpa garam, pada suhu bilik
- ¼ cawan pistachio kisar
- ½ sudu teh air mawar
- Pistachio cincang atau kelopak mawar, untuk salutan

ARAHAN:

a) Letakkan coklat putih yang dicincang dalam mangkuk tahan panas.

b) Dalam periuk kecil, panaskan krim berat di atas api sederhana sehingga ia mula mendidih. Keluarkan dari haba.

c) Tuangkan krim panas ke atas coklat cincang dan biarkan ia tidak terganggu selama 1-2 minit.

d) Kacau adunan perlahan-lahan sehingga coklat benar-benar cair dan licin.

e) Masukkan mentega, pistachio yang dikisar, dan air mawar. Kacau sehingga sebati sepenuhnya.

f) Tutup mangkuk dengan bungkus plastik dan sejukkan sekurang-kurangnya 2 jam atau sehingga padat.

g) Menggunakan sudu kecil atau sudu kecil, bahagikan ganache dan gulungkannya menjadi bebola.

h) Gulungkan truffle dalam pistachio yang dicincang atau kelopak mawar untuk disalut.

i) Simpan truffle di dalam peti sejuk sehingga sedia untuk dinikmati.

50. Kenari Maple Truffles

BAHAN-BAHAN:
- 8 auns coklat gelap, dicincang halus
- ½ cawan krim berat
- 2 sudu besar mentega tanpa garam, pada suhu bilik
- ½ cawan kenari cincang
- 2 sudu besar sirap maple
- Gula tepung atau serbuk koko, untuk menggulung

ARAHAN:

Letakkan coklat gelap yang dicincang dalam mangkuk tahan panas.

Dalam periuk kecil, panaskan krim berat di atas api sederhana sehingga ia mula mendidih. Keluarkan dari haba.

Tuangkan krim panas ke atas coklat cincang dan biarkan ia tidak terganggu selama 1-2 minit.

Kacau adunan perlahan-lahan sehingga coklat benar-benar cair dan licin.

Masukkan mentega, kenari cincang, dan sirap maple. Kacau sehingga sebati sepenuhnya.

Tutup mangkuk dengan bungkus plastik dan sejukkan sekurang-kurangnya 2 jam atau sehingga padat.

Menggunakan sudu kecil atau sudu kecil, bahagikan ganache dan gulungkannya menjadi bebola.

Gulungkan truffle dalam serbuk gula atau serbuk koko untuk disalut.

Simpan truffle di dalam peti sejuk sehingga sedia untuk dihidangkan.

51. Truffle Crunch Mentega Kacang

BAHAN-BAHAN:
- 8 auns coklat gelap, dicincang halus
- ½ cawan krim berat
- 2 sudu besar mentega tanpa garam, pada suhu bilik
- ½ cawan (125g) mentega kacang halus
- ½ cawan pretzel dihancurkan
- Kacang tanah atau pretzel yang dihancurkan, untuk salutan

ARAHAN:
a) Letakkan coklat gelap yang dicincang dalam mangkuk tahan panas.
b) Dalam periuk kecil, panaskan krim berat di atas api sederhana sehingga ia mula mendidih. Keluarkan dari haba.
c) Tuangkan krim panas ke atas coklat cincang dan biarkan ia tidak terganggu selama 1-2 minit.
d) Kacau adunan perlahan-lahan sehingga coklat benar-benar cair dan licin.
e) Masukkan mentega dan mentega kacang. Kacau sehingga sebati sepenuhnya.
f) Masukkan pretzel yang telah dihancurkan.
g) Tutup mangkuk dengan bungkus plastik dan sejukkan sekurang-kurangnya 2 jam atau sehingga padat.
h) Menggunakan sudu kecil atau sudu kecil, bahagikan ganache dan gulungkannya menjadi bebola.
i) Gulungkan truffle dalam kacang tanah atau pretzel yang telah dihancurkan untuk disalut.
j) Simpan truffle di dalam peti sejuk sehingga sedia untuk dinikmati.
k) Nikmati truffle pedas ini dengan tekstur dan rasa yang menarik!

52. Truffle Karamel Gajus

BAHAN-BAHAN:
- 8 auns coklat susu, dicincang halus
- ½ cawan krim berat
- 2 sudu besar mentega tanpa garam, pada suhu bilik
- ½ cawan gajus panggang, dicincang halus
- ¼ cawan sos karamel
- Gajus atau gula tepung yang dihancurkan, untuk salutan

ARAHAN:

a) Letakkan coklat susu cincang dalam mangkuk tahan panas.

b) Dalam periuk kecil, panaskan krim berat di atas api sederhana sehingga ia mula mendidih. Keluarkan dari haba.

c) Tuangkan krim panas ke atas coklat cincang dan biarkan ia tidak terganggu selama 1-2 minit.

d) Kacau adunan perlahan-lahan sehingga coklat benar-benar cair dan licin.

e) Masukkan mentega, gajus cincang, dan sos karamel. Kacau sehingga sebati sepenuhnya.

f) Tutup mangkuk dengan bungkus plastik dan sejukkan sekurang-kurangnya 2 jam atau sehingga padat.

g) Menggunakan sudu kecil atau sudu kecil, bahagikan ganache dan gulungkannya menjadi bebola.

h) Gulungkan truffle dalam gajus yang dihancurkan atau gula tepung untuk disalut.

i) Simpan truffle di dalam peti sejuk sehingga sedia untuk dinikmati.

53. Truffle Coklat Putih Kacang Macadamia

BAHAN-BAHAN:
- 8 auns coklat putih, dicincang halus
- ½ cawan krim berat
- 2 sudu besar mentega tanpa garam, pada suhu bilik
- ½ cawan kacang macadamia panggang, dicincang halus
- ½ sudu teh ekstrak vanila
- Coklat putih atau gula tepung, untuk salutan

ARAHAN:

a) Letakkan coklat putih yang dicincang dalam mangkuk tahan panas.

b) Dalam periuk kecil, panaskan krim berat di atas api sederhana sehingga ia mula mendidih. Keluarkan dari haba.

c) Tuangkan krim panas ke atas coklat cincang dan biarkan ia tidak terganggu selama 1-2 minit.

d) Kacau adunan perlahan-lahan sehingga coklat benar-benar cair dan licin.

e) Masukkan mentega, kacang macadamia cincang, dan ekstrak vanila. Kacau sehingga sebati sepenuhnya.

f) Tutup mangkuk dengan bungkus plastik dan sejukkan sekurang-kurangnya 2 jam atau sehingga padat.

g) Menggunakan sudu kecil atau sudu kecil, bahagikan ganache dan gulungkannya menjadi bebola.

h) Gulungkan truffle dalam coklat putih cair atau gula tepung untuk disalut.

i) Simpan truffle di dalam peti sejuk sehingga sedia untuk dihidangkan.

54. Truffle Kulit Badam

BAHAN-BAHAN:
- 3/4 cawan gula perang yang dibungkus padat
- 1/2 cawan mentega, dilembutkan
- 1 sudu teh ekstrak vanila
- 2 cawan tepung serba guna
- 1 (14 auns) tin susu pekat manis
- 1/2 cawan cip coklat separa manis kecil
- 1 cawan pecan yang dicincang halus
- 1 1/2 paun coklat kulit badam

ARAHAN:
a) Lapik loyang dengan kertas berlilin.
b) Dalam mangkuk besar, masukkan gula perang dan mentega dan dengan pengadun elektrik, pukul sehingga licin dan berkrim.
c) Masukkan esen vanilla dan pukul hingga rata.
d) Perlahan-lahan, masukkan tepung ke dalam adunan mentega krim, pukul berterusan hingga rata.
e) Masukkan susu pekat manis dan pukul hingga rata.
f) Buat bebola kira-kira 1 inci daripada adunan dan letakkan di atas loyang yang disediakan.
g) Sejukkan bebola doh biskut selama kira-kira 2 jam.
h) Cairkan kulit coklat di bahagian atas dandang berganda di atas air mendidih, kacau selalu dan kikis bahagian tepinya dengan spatula getah untuk mengelakkan hangus.
i) Salut setiap bola dengan coklat cair.
j) Letakkan bebola yang dicelup ke atas kertas lilin dan sejukkan untuk menyejukkan sekurang-kurangnya 1 jam.

55. Truffle Wafer Badam

BAHAN-BAHAN:
- 11/4 cawan badam
- 21/2 Cawan wafer vanila hancur
- 1/2 cawan gula gula
- 2 sudu kecil kayu manis tanah
- 1 cawan cip coklat separuh manis, dicairkan
- 1/2 cawan puri labu
- 1/3 cawan kopi yang dibancuh kuat
- 1/2 cawan cip coklat separuh manis, atau mengikut keperluan

ARAHAN:

a) Tetapkan ketuhar anda kepada 400 darjah F sebelum melakukan perkara lain.

b) Sapukan badam ke atas loyang dan masak dalam ketuhar selama kira-kira 5-10 minit.

c) Keluarkan dari ketuhar dan ketepikan sehingga sejuk sepenuhnya.

d) Dalam pemproses makanan, masukkan badam dan nadi sehingga tekstur seperti tepung terbentuk.

e) Dalam mangkuk, campurkan bersama badam yang dikisar, wafer vanila yang dihancurkan, gula dan kayu manis.

f) Kacau dalam 1 cawan cip coklat cair, labu dan kopi.

g) Buat bebola 1 inci dari campuran dan letakkan di atas loyang.

h) Sejukkan truffle selama kira-kira 1-2 jam.

i) Di bahagian atas dandang berganda, cairkan 1/2 Cawan cip coklat di atas air mendidih, kacau sekali-sekala. a

j) Celupkan truffle dalam coklat cair dan kembalikan ke dalam loyang untuk mengeras.

56. Truffle Badam Mediterranean

BAHAN-BAHAN:
- 11/4 cawan dicincang tanpa gula
- 1/2 cawan nektar agave
- kelapa, atau secukup rasa, dibahagikan
- 2 sudu kecil ekstrak vanila
- 2 cawan kurma Medjool yang diadu
- 1 sudu teh garam
- 1 cawan badam mentah
- 21/4 Cawan serbuk koko mentah
- 1/2 cawan biji koko

ARAHAN:

a) Tetapkan ketuhar anda kepada 350 darjah F sebelum melakukan perkara lain.

b) Dalam lembaran penaik, letakkan kelapa dan masak di dalam ketuhar selama kira-kira 7 minit, kacau sekali-sekala.

c) Dalam pemproses makanan, masukkan kurma dan badam dan nadi sehingga licin.

d) Masukkan serbuk koko dan nadi sehingga sebati.

e) Pindahkan adunan kurma ke dalam mangkuk.

f) Lipat 1 cawan kelapa bakar, biji koko, nektar agave, ekstrak vanila dan garam ke dalam adunan kurma.

g) Dengan 1 sudu besar adunan, buat bebola.

h) Dalam hidangan cetek, letakkan baki kelapa bakar.

i) Salutkan bebola truffle dengan kelapa bakar dan susun di atas loyang yang dialas kertas.

j) Sejukkan selama kira-kira 1 jam.

57. Nanaimo Truffles

BAHAN-BAHAN:
- 1 cawan coklat gelap, dicincang halus
- ½ cawan krim berat
- ½ cawan mentega tanpa garam, cair
- ¼ cawan gula pasir
- ¼ cawan serbuk koko
- 1 sudu teh ekstrak vanila
- 2 cawan serbuk keropok graham
- 1 cawan kelapa parut
- ½ cawan kenari atau pecan yang dicincang (pilihan)
- ¼ cawan mentega tanpa garam, dilembutkan
- 2 sudu besar serbuk kastard atau campuran puding vanila
- 2 cawan gula halus
- Serbuk koko tambahan atau kelapa parut untuk digulung (pilihan)

ARAHAN:
a) Letakkan coklat gelap dalam mangkuk tahan panas.
b) Dalam periuk kecil, panaskan krim berat di atas api sederhana sehingga ia mula mendidih. Keluarkan dari haba.
c) Tuangkan krim panas ke atas coklat gelap yang dicincang dan biarkan selama satu minit.
d) Kacau adunan sehingga coklat benar-benar cair dan licin.
e) Dalam mangkuk adunan yang besar, satukan mentega cair, gula pasir, serbuk koko dan ekstrak vanila.
f) Masukkan serbuk keropok graham, kelapa parut, dan kacang cincang (jika menggunakan) ke dalam adunan, dan gaul sehingga sebati.
g) Dalam mangkuk yang berasingan, krim bersama mentega lembut dan serbuk kastard (atau campuran puding vanila) sehingga licin.
h) Masukkan gula tepung secara beransur-ansur ke dalam adunan mentega, gaul sehingga ia membentuk inti yang licin.
i) Ambil satu sudu adunan coklat dan ratakan di tangan anda. Letakkan sebiji kecil isi kastard di tengah setiap cakera coklat yang telah dileperkan.
j) Balut adunan coklat di sekeliling inti, gulung menjadi bentuk bebola.
k) Pilihan: Gulungkan truffle dalam serbuk koko atau kelapa parut untuk bersalut sama rata.
l) Letakkan truffle dalam bekas kedap udara dan sejukkan sehingga sedia untuk dihidangkan.

58. Truffle Mentega Kacang

BAHAN-BAHAN:
- 1/2 cawan mentega kacang halus
- 1/4 cawan serbuk koko
- 1/4 cawan madu
- 1/4 cawan minyak kelapa
- 1 sudu teh mentega
- 1 sudu teh pes kacang vanila
- 1/4 cawan serpihan kelapa tanpa gula

ARAHAN:

a) Dalam kuali, campurkan bersama mentega kacang, serbuk koko, madu, minyak kelapa, mentega dan pes kacang vanila dengan api perlahan.

b) Masak, kacau berterusan selama kira-kira 3-5 minit.

c) Keluarkan dari api dan pindahkan campuran mentega kacang ke dalam mangkuk.

d) Sejukkan campuran selama kira-kira 15 minit, kacau selepas setiap 5 minit.

e) Dalam mangkuk, letakkan serpihan kelapa.

f) Masukkan kira-kira 1 sudu teh adunan ke dalam kelapa dan gulung hingga bersalut.

g) Sejukkan selama kira-kira 15 minit.

59. Pistachio marzipan truffle

BAHAN-BAHAN:
- 1 cawan coklat putih, dicincang halus
- ½ cawan krim berat
- 1 cawan pistachio, dikisar halus
- ¼ cawan tepung badam atau badam kisar
- ¼ cawan gula tepung
- ½ sudu teh ekstrak badam
- Pewarna makanan hijau (pilihan)
- Pistachio atau gula tepung yang dihancurkan (untuk digulung)

ARAHAN:

a) Letakkan coklat putih dalam mangkuk tahan panas.

b) Dalam periuk kecil, panaskan krim berat di atas api sederhana sehingga ia mula mendidih. Keluarkan dari haba.

c) Tuangkan krim panas ke atas coklat putih yang telah dicincang dan biarkan selama satu minit.

d) Kacau adunan sehingga coklat benar-benar cair dan licin.

e) Dalam mangkuk yang berasingan, satukan pistachio yang dikisar, tepung badam, gula tepung dan ekstrak badam.

f) Masukkan campuran pistachio secara beransur-ansur ke dalam adunan coklat, kacau sehingga sebati.

g) Jika dikehendaki, tambahkan beberapa titis pewarna makanan hijau untuk mencapai warna hijau yang bersemangat.

h) Tutup mangkuk dengan bungkus plastik dan sejukkan selama kira-kira 2 jam, atau sehingga adunan menjadi padat.

i) Sendukkan sesudu kecil adunan sejuk dan gulung menjadi bebola kecil.

j) Gulungkan truffle dalam pistachio yang telah dihancurkan atau gula tepung untuk disalut sama rata.

k) Letakkan truffle dalam bekas kedap udara dan sejukkan sehingga sedia untuk dihidangkan.

60. Truffle Berangan

BAHAN-BAHAN:
- 12 auns coklat gelap berkualiti tinggi, dicincang
- 16 auns buah berangan dalam tin, toskan
- 6 sudu besar mentega, dilembutkan
- 1/2 cawan gula putih
- 1/4 cawan brendi
- 1 sudu teh ekstrak vanila
- 12 auns coklat putih berkualiti tinggi, dicincang - dibahagikan
- 1 sudu serbuk pewarna makanan merah

ARAHAN:
a) Letakkan coklat gelap ke bahagian atas dandang berganda di atas air yang mendidih dan cairkan coklat.
b) Keluarkan dari api dan biarkan coklat sejuk.
c) Dalam pemproses makanan, masukkan buah berangan dan nadi sehingga menjadi puri yang licin.
d) Dalam mangkuk, masukkan mentega dan gula dan dengan pengadun elektrik, pukul sehingga adunan ringan dan gebu.
e) Masukkan puri berangan, brendi dan ekstrak vanila dan gaul sehingga adunan menjadi licin.
f) Masukkan coklat.
g) Sejukkan campuran selama beberapa jam.
h) Buat bebola bersaiz kira-kira 1 inci daripada adunan.
i) Simpan kira-kira 1 auns coklat putih untuk pembajaan dan kira-kira 1 auns untuk pewarna.
j) Masukkan baki 10 auns coklat putih di atas air mendidih dalam dandang berganda sehingga coklat cair dan suam tetapi tidak panas.
k) Keluarkan kuali dari dandang berganda.
l) Serta-merta, masukkan kira-kira 1 auns coklat putih yang dicincang dan belum cair dan kacau sehingga kepingan coklat yang belum cair cair.
m) Berhati-hati celupkan bahagian tengah setiap bola ke dalam coklat putih cair dan letakkan truffle secara perlahan pada sekeping kertas parchment selama kira-kira 15 minit.
n) Cairkan baki 1 auns coklat putih yang dicincang di atas air mendidih dalam dandang berganda sehingga coklat cair dan suam tetapi tidak panas.
o) Kacau dalam jumlah yang sangat kecil pewarna makanan merah serbuk sehingga anda mendapat warna merah jambu yang diingini.
p) Celupkan sedikit coklat berwarna dengan sudu, titikkan setiap truffle dengan titik merah jambu dan biarkan titik coklat merah jambu menetap selama kira-kira 15 minit.
q) Letakkan truffle ke dalam cawan gula-gula kertas untuk dihidangkan.

61. Pecan Truffles

BAHAN-BAHAN:
- 1/2 cawan pecan cincang
- 1/2 cawan gula pasir
- 6 sudu besar krim kental
- 9 (1 auns) petak baking separa manis
- coklat, dibahagikan
- 1/8 sudu kecil Garam Kosher Diamond Crystal(R).
- 1/2 sudu teh ekstrak vanila

ARAHAN:
a) Dalam kuali kering, masukkan pecan pada api sederhana dan bakar selama kira-kira 1 minit.
b) Ketepikan untuk menyejukkan.
c) Dalam kuali yang berat, masukkan gula pada api sederhana tinggi dan masak, kacau berterusan sehingga gula mula cair.
d) Keluarkan gula karamel dari api dan kacau dalam krim.
e) Panaskan semula dan kecilkan api kepada perlahan.
f) Masak dan kacau sehingga karamel larut sepenuhnya dalam krim.
g) Keluarkan dari api dan masukkan garam, vanila dan separuh coklat dan kacau sehingga coklat cair sepenuhnya.
h) Masukkan potongan pecan yang telah dibakar.
i) Pindahkan adunan ke dalam mangkuk dan sejukkan sedikit.
j) Sejukkan, ditutup selama kira-kira sejam.
k) Buat 24 (3/4-inci) bebola daripada adunan dan susun pada lembaran pembakar yang dialas kertas.
l) Sejukkan untuk sejuk selama kira-kira 1 jam.
m) Dalam mangkuk yang selamat untuk ketuhar gelombang mikro, letakkan baki coklat dan ketuhar gelombang mikro pada Tinggi dalam selang 15 saat, kacau selepas setiap pencairan, sehingga coklat cair.
n) Dengan garpu, salutkan bebola ke dalam coklat cair dan letak semula di atas loyang yang dialas kertas.
o) Segera, taburkan truffle dengan beberapa butir garam.
p) Sejukkan untuk sejuk selama kira-kira 1 jam.

TRUFFLES COKLAT

62. Truffle Coklat

BAHAN-BAHAN:
- Beg 10 auns cip coklat separa manis
- ½ cawan krim putar berat
- 1 sudu besar mentega tanpa garam
- 2 sudu besar wain merah
- 1 sudu teh ekstrak vanila
- Topping: badam salai hancur, serbuk koko, coklat cair, dan garam laut

ARAHAN:

a) Potong coklat.

b) Letakkan coklat cincang dalam mangkuk keluli tahan karat atau kaca yang besar.

c) Panaskan krim dan mentega dalam periuk kecil di atas api sederhana, hanya sehingga ia mula mendidih.

d) Satukan Krim dengan Coklat: Sebaik sahaja cecair mula mendidih segera tuangkan ke dalam mangkuk di atas coklat.

e) Masukkan vanila dan wain dan pukul sehingga rata.

f) Tutup mangkuk dengan bungkus plastik dan pindahkan ke peti sejuk selama kira-kira sejam, sehingga adunan menjadi padat.

g) Setelah truffle telah sejuk, cedoknya menggunakan pengisar tembikai dan gulungkannya dengan tangan anda.

h) Kemudian salutkan dengan topping yang anda inginkan.

63. Truffle Kelapa Coklat

BAHAN-BAHAN:
- ½ cawan mentega kelapa dilembutkan
- ½ cawan Minyak Kelapa, cair
- ¼ cawan kelapa kering
- ¼ sudu teh minyak pudina
- 2 sudu teh serbuk koko
- 1 sudu teh stevia
- ¼ cawan cip coklat tanpa gula

ARAHAN:
a) Kisar mentega kelapa dan Minyak Kelapa dalam pemproses makanan sehingga sebati.
b) Campurkan vanila dan stevia sehingga adunan sebati.
c) Kisar selama 2 minit setelah anda menambah serbuk koko dan minyak pudina.
d) Cip coklat hendaklah ditaburkan ke dalam perigi dulang kiub ais.
e) Tuangkan adunan ke dalam dulang kiub ais dan letakkan di dalam peti sejuk selama 2 jam untuk mengeras.
f) Hidang.

64. Truffle Coklat Gelap

BAHAN-BAHAN:
- 8 auns coklat gelap, dicincang halus
- ½ cawan krim berat
- 2 sudu besar mentega tanpa garam, pada suhu bilik
- Serbuk koko, untuk menggulung

ARAHAN:

a) Letakkan coklat gelap yang dicincang dalam mangkuk tahan panas.

b) Dalam periuk kecil, panaskan krim berat di atas api sederhana sehingga ia mula mendidih. Keluarkan dari haba.

c) Tuangkan krim panas ke atas coklat cincang dan biarkan ia tidak terganggu selama 1-2 minit.

d) Kacau adunan perlahan-lahan dengan spatula sehingga coklat benar-benar cair dan licin.

e) Masukkan mentega dan kacau sehingga sebati sepenuhnya.

f) Tutup mangkuk dengan bungkus plastik dan sejukkan sekurang-kurangnya 2 jam atau sehingga padat.

g) Menggunakan sudu kecil atau sudu kecil, bahagikan ganache dan gulungkannya menjadi bebola kecil.

h) Canai truffle dalam serbuk koko sehingga bersalut rata.

i) Letakkan truffle dalam bekas kedap udara dan sejukkan sehingga sedia untuk dihidangkan.

65. Truffle Coklat Pudina

BAHAN-BAHAN:
- 8 auns coklat gelap, dicincang halus
- ½ cawan krim berat
- 2 sudu besar mentega tanpa garam, pada suhu bilik
- ½ sudu teh ekstrak pudina
- Gula-gula hijau cair atau taburan, untuk hiasan

ARAHAN:

a) Letakkan coklat gelap yang dicincang dalam mangkuk tahan panas.

b) Dalam periuk kecil, panaskan krim berat di atas api sederhana sehingga ia mula mendidih. Keluarkan dari haba.

c) Tuangkan krim panas ke atas coklat cincang dan biarkan ia tidak terganggu selama 1-2 minit.

d) Kacau adunan perlahan-lahan sehingga coklat benar-benar cair dan licin.

e) Masukkan mentega dan ekstrak pudina. Kacau sehingga sebati sepenuhnya.

f) Tutup mangkuk dengan bungkus plastik dan sejukkan sekurang-kurangnya 2 jam atau sehingga padat.

g) Menggunakan sudu kecil atau sudu kecil, bahagikan ganache dan gulungkannya menjadi bebola.

h) Pilihan: Cairkan gula-gula hijau cair mengikut arahan pakej.

i) Celupkan truffle sebahagiannya ke dalam gula-gula cair atau taburkan gula-gula cair ke atas truffle.

j) Simpan truffle di dalam peti sejuk sehingga sedia untuk dinikmati.

66. Truffle Coklat Mentega Kacang

BAHAN-BAHAN:
- 8 auns coklat gelap, dicincang halus
- ½ cawan krim berat
- 2 sudu besar mentega tanpa garam, pada suhu bilik
- ¼ cawan mentega kacang berkrim
- Kacang tanah hancur, untuk salutan

ARAHAN:

a) Letakkan coklat gelap yang dicincang dalam mangkuk tahan panas.

b) Dalam periuk kecil, panaskan krim berat di atas api sederhana sehingga ia mula mendidih. Keluarkan dari haba.

c) Tuangkan krim panas ke atas coklat cincang dan biarkan ia tidak terganggu selama 1-2 minit.

d) Kacau adunan perlahan-lahan sehingga coklat benar-benar cair dan licin.

e) Masukkan mentega dan mentega kacang. Kacau sehingga sebati sepenuhnya.

f) Tutup mangkuk dengan bungkus plastik dan sejukkan sekurang-kurangnya 2 jam atau sehingga padat.

g) Menggunakan sudu kecil atau sudu kecil, bahagikan ganache dan gulungkannya menjadi bebola.

h) Gulungkan truffle dalam kacang tanah yang telah dihancurkan untuk disalut.

i) Simpan truffle di dalam peti sejuk sehingga sedia untuk dihidangkan.

67. Truffle Kelapa Coklat Putih

BAHAN-BAHAN:
- 1 1/3 cawan kelapa parut
- 1/4 cawan kelapa parut
- 1/2 cawan gula gula
- 3 1/2 auns keju ricotta
- 16 biji badam keseluruhan
- 2 1/2 (1 auns) coklat putih segi empat sama
- 2 2/3 sudu besar krim kental

ARAHAN:
a) Dalam mangkuk, masukkan 1 1/3 cawan kelapa parut, gula dan keju ricotta dan gaul sehingga tekstur seperti doh terbentuk.
b) Bahagikan doh kepada 16 bahagian sama banyak.
c) Gulungkan setiap bahagian menjadi bola, tekan satu badam ke tengah setiap bola.
d) Sejuk beku selama kira-kira 20 minit.
e) Dalam mangkuk keluli tahan karat yang besar, masukkan coklat putih dan letakkan di atas kuali berisi air yang hampir mendidih untuk cair.
f) Semasa coklat cair, masukkan krim kental dan kacau hingga sebati.
g) Dengan garpu, celupkan truffle ke dalam adunan coklat.
h) Sejukkan sehingga salutan coklat menjadi pejal.

68. Nutella Truffles

BAHAN-BAHAN:
- 1 cawan taburan coklat-hazelnut
- 1/3 cawan gula putih
- 2 sudu besar air
- 2/3 cawan krim putar berat
- 1/4 sudu kecil garam laut kasar
- 1/2 cawan serbuk koko tanpa gula
- 1 (12 auns) beg coklat cip (sekurang-kurangnya koko), dicincang halus
- 1 sudu besar garam laut kasar

ARAHAN:
a) Masukkan hazelnut spread dalam mangkuk logam di atas kuali berisi air mendidih perlahan-lahan dan kacau sehingga hazelnut spread hangat dan licin selama kira-kira 5 minit.
b) Keluarkan mangkuk dari api.
c) Dalam kuali kecil, masukkan gula dan air dengan api sederhana dan kacau hingga larut.
d) Sapu bahagian tepi kuali dengan berus pastri yang dibasahkan sekali-sekala semasa adunan gula masak.
e) Besarkan api kepada sederhana tinggi dan masak sirap sehingga mendidih dan masak selama kira-kira 4 minit, gosok ke bawah dan pusingkan kuali sekali-sekala untuk mengelakkan hangus.
f) Masukkan krim ke dalam sirap, kacau berterusan.
g) Kecilkan api dan masak, kacau berterusan selama kira-kira 5-10 minit.
h) Kacau perlahan-lahan dalam 1/4 sudu kecil garam ke dalam taburan hazelnut cair.
i) Sejukkan campuran karamel selama sekurang-kurangnya 3 jam.
j) Dalam hidangan cetek, letakkan serbuk koko.
k) Dengan kira-kira 1 sudu besar adunan, buat bebola dan salutkan dengan serbuk koko.
l) Susun bebola di atas loyang.
m) Dengan bungkus plastik, tutup bebola truffle dan sejukkan selama kira-kira 8 jam.
n) Lapik loyang 13x9 inci dengan foil.

o) Panaskan coklat cincang dalam mangkuk logam yang diletakkan di atas periuk berisi air reneh perlahan-lahan, kacau selalu sehingga coklat cair dan licin.
p) Keluarkan mangkuk dari kuali air.
q) Dengan cepat, celupkan setiap bola truffle ke dalam coklat cair.
r) Dengan garpu, angkat truffle daripada coklat dan ketuk garpu pada sisi mangkuk untuk mengeluarkan salutan yang berlebihan.
s) Pindahkan truffle ke kuali beralas foil untuk menyejukkan.
t) Taburkan sedikit truffle yang telah siap dengan 1 sudu besar garam laut kasar sebelum coklat mengeras.
u) Ketepikan sekurang-kurangnya 1 jam sebelum dihidangkan.

69. <u>Kek Coklat Serpihan Truffles</u>

BAHAN-BAHAN:
- 8 (1 auns) petak coklat pahit manis, dicincang
- 1/2 cawan taburan coklat
- 1/4 cawan krim
- 2 sudu besar mentega tanpa garam
- 1/2 cawan serbuk kek coklat
- 2 sudu teh jus epal, pilihan

ARAHAN:

a) Lapik loyang lembaran dengan kertas parchment.

b) Dalam mangkuk tahan panas, letakkan coklat cincang.

c) Dalam kuali, campurkan krim dan mentega dengan api perlahan dan biarkan mendidih.

d) Letakkan campuran krim panas di atas coklat dan kacau sehingga coklat cair dan licin.

e) Masukkan serbuk kek dan jus epal dan ketepikan sehingga padat, tetapi tidak keras.

f) Dengan satu sudu kecil campuran coklat, buat bebola dan kemudian salutkan dengan taburan coklat.

g) Letakkan di atas loyang yang disediakan dan sejukkan selama kira-kira 30 minit.

h) Hidangkan dalam cawan kertas kecil.

70. 3-Ramuan Truffle

BAHAN-BAHAN:
- 12 auns coklat pahit manis, dicincang
- 1/3 cawan krim berat
- 1 sudu teh ekstrak vanila

ARAHAN:
a) Dalam kuali sederhana campurkan coklat dan krim dengan api sederhana.
b) Masak, kacau sehingga coklat cair dan adunan menjadi licin.
c) Angkat dari api dan masukkan perisa dan pukul sebati.
d) Pindahkan adunan ke dalam pinggan kecil dan sejukkan selama kira-kira 1 1/2-2 jam.
e) Buat bebola dari adunan dan canai dalam topping.

71. Truffle Gourmet

BAHAN-BAHAN:
- 6 cawan serbuk keropok graham
- 1 1/2 cawan mentega, cair
- 1 cawan coklat susu atau cip coklat separuh manis
- 1 cawan kelapa parut manis

ARAHAN:

a) Dalam mangkuk, masukkan serbuk keropok graham dan mentega cair dan gaul sehingga lembab.

b) Dalam mangkuk kaca selamat gelombang mikro, cairkan cip coklat dalam selang 30 saat, kacau selepas setiap lebur, selama kira-kira 1-3 minit.

c) Masukkan coklat cair ke dalam adunan keropok graham dan dengan tangan anda, gaul sehingga sebati.

d) Buat bebola kira-kira 1 inci dan salutkan dengan kelapa.

e) Simpan dalam bekas kedap udara.

72. Truffle Lavender Coklat

BAHAN-BAHAN:
- 12 kepala bunga lavender segar
- 1/3 cawan krim berat
- 6 auns coklat pahit manis, dicincang
- 4 auns coklat separuh manis, dicincang
- 2 sudu besar mentega tanpa garam

ARAHAN:
a) Dalam mangkuk kaca selamat microwave kecil, letakkan krim dan kepala lavender dan ketuhar gelombang mikro pada Tinggi selama kira-kira 20-30 saat.

b) Masukkan lavender dan kacau hingga sebati, kemudian ketepikan selama kira-kira 5 minit untuk curam.

c) Kembali ke ketuhar gelombang mikro, dan masak selama kira-kira 10-20 saat.

d) Kacau lagi, dan ketepikan selama kira-kira 5 minit untuk curam.

e) Ulangi proses pemanasan-kacau-rendam dua kali lagi sehingga krim berperisa kuat dengan lavender.

f) Dalam mangkuk, campurkan kedua-dua coklat.

g) Pindahkan separuh daripada campuran coklat ke dalam mangkuk kaca selamat gelombang mikro dan ketuhar gelombang mikro pada Tinggi selama kira-kira 20-30 saat sehingga cair, kacau antara setiap pemanasan.

h) Dengan penapis jaringan halus, tapis krim ke dalam coklat cair dan buang kepala bunga dan serpihan lavender.

i) Peti sejuk untuk menyejukkan selama kira-kira 1 jam.

j) Selepas menyejukkan, letakkan baki coklat dan mentega ke dalam mangkuk kaca selamat gelombang mikro dan ketuhar gelombang mikro pada Tinggi selama kira-kira 20-30 saat sehingga cair, kacau antara setiap pemanasan.

k) Lapik loyang dengan kertas lilin.

l) Buat bebola kecil bersaiz sama dengan 1 sudu besar adunan lavender dan canai ke dalam adunan coklat cair secara sekata.

m) Susun bebola ke atas loyang yang disediakan dan peti sejuk untuk menyejukkan sekurang-kurangnya 2 jam.

73. Truffle Coklat Perancis

BAHAN-BAHAN:
- 1/3 cawan krim putar berat
- 1/2 sudu teh ekstrak vanila
- 1 secubit garam
- 2 sudu besar jus epal, pilihan
- 6 (1 auns) coklat separuh manis segi empat sama, dicincang
- 1 sudu besar mentega tanpa garam, suhu bilik
- 1/4 cawan serbuk koko tanpa gula

ARAHAN:
a) Dalam kuali, campurkan bersama krim, ekstrak vanila dan garam dan biarkan mendidih.
b) Kacau dalam jus dan keluarkan dari api.
c) Masukkan coklat separuh manis dan mentega ke dalam adunan krim dan gaul sehingga cair sepenuhnya.
d) Pindahkan adunan coklat ke dalam bekas.
e) Dengan bungkus plastik, tutup dan sejukkan selama sekurang-kurangnya 2 jam.
f) Lapik 2 helai pembakar dengan kertas parchment.
g) Dengan sesudu kecil, buat bebola kira-kira 1 inci dan susun di atas loyang yang disediakan.
h) Sejukkan selama kira-kira 10 minit.
i) Keluarkan dari peti sejuk dan salutkan bebola dengan serbuk koko.

74. Ladamint Truffles Disember

BAHAN-BAHAN:
- 11 auns coklat, dicincang
- 1/2 cawan krim putar berat
- 1 1/2 Cawan pudina cincang cincang pudina pudina nipis (seperti Andes(R))

ARAHAN:

a) Cairkan coklat dan krim di bahagian atas dandang berganda di atas air mendidih tanpa dikacau selama 3 minit.

b) Pukul coklat dan krim sehingga rata.

c) Keluarkan dari api dan biarkan sejuk selama kira-kira 20-30 minit.

d) Dalam lembaran penaik rata, letakkan adunan coklat.

e) Dengan bungkus plastik, tutup loyang dan sejukkan selama kira-kira 3 jam.

f) Dalam mangkuk cetek, letakkan gula-gula pudina yang dicincang.

g) Dengan kira-kira 1 1/2 sudu kecil adunan coklat, buat bebola dan susun di atas sekeping kertas parchment yang dialas loyang.

h) Salutkan truffle dengan gula-gula pudina dan gulungkan truffle di antara tangan anda untuk menekan kepingan gula-gula menjadi truffle.

75. Toffee Truffles

BAHAN-BAHAN:
- 1/2 cawan mentega, dilembutkan
- 1/2 cawan toffee baking bit
- 3/4 cawan gula perang yang dibungkus
- 1 paun salutan gula-gula coklat
- 1 sudu teh ekstrak vanila
- 21/4 cawan tepung serba guna
- 1 (14 auns) tin susu pekat manis
- 1/2 cawan cip coklat separa manis kecil

ARAHAN:
a) Dalam mangkuk besar, masukkan gula perang dan mentega dan dengan pengadun elektrik, pukul sehingga rata.
b) Masukkan ekstrak vanila.
c) Perlahan-lahan, masukkan tepung, berselang-seli dengan susu pekat manis, pukul dengan baik selepas setiap penambahan.
d) Perlahan-lahan, masukkan cip coklat dan kepingan gula-gula.
e) Dengan senduk biskut kecil, buat bebola 1 inci dan susun pada lembaran pembakar yang dialas kertas lilin.
f) Sejukkan selama kira-kira 1 jam.
g) Dalam mangkuk kaca selamat gelombang mikro, cairkan salutan coklat dalam selang 30 saat, kacau selepas setiap cair, selama kira-kira 1-3 minit
h) Celupkan bebola doh dalam salutan coklat, buang lebihan.
i) Susun di atas lembaran pembakar berlapik kertas lilin dan taburkan truffle dengan kepingan toffee tambahan.
j) Sejukkan sehingga padat, kira-kira 15 minit. Simpan dalam peti ais.

KOPI TRUFFLES

76. Kopi Coklat Truffle

BAHAN-BAHAN:
- 1 sudu besar shortening
- 1 (24 auns) beg coklat cip separa manis
- 8 auns krim keju, dilembutkan
- 3 sudu besar butir kopi segera 2 sudu kecil air Salutan:
- 6 auns cip coklat separa manis

ARAHAN:
a) Lapik loyang dengan kertas lilin.
b) Dalam mangkuk selamat gelombang mikro, cairkan 24 auns cip coklat dalam selang 30 saat, kacau selepas setiap cair selama kira-kira 1-3 minit.
c) Masukkan keju krim, butiran kopi dan air ke dalam coklat cair dan gaul sehingga rata.
d) Sejukkan dalam peti ais untuk menyejukkan adunan coklat selama kira-kira 30 minit.
e) Buat bebola kira-kira 1 inci daripada campuran coklat dan letakkan di atas loyang yang disediakan.
f) Sejukkan untuk menyejukkan sekurang-kurangnya 1-2 jam.
g) Dalam mangkuk kaca selamat gelombang mikro, cairkan 6 auns cip coklat dan pendekkan dalam selang 30 saat, kacau selepas setiap kali cair, selama kira-kira 1-3 minit.
h) Salutkan truffle dalam adunan coklat cair dan susun ke dalam loyang yang disediakan.
i) Ketepikan sekurang-kurangnya 30 minit.

77. Expresso Truffles

BAHAN-BAHAN:
- 1 cawan krim berat
- 2 sudu besar mentega
- 4 (1 auns) segi empat sama membakar coklat
- 2 3/4 Cawan cip coklat separuh manis
- 2 sudu besar serbuk espresso segera

ARAHAN:
a) Dalam kuali, campurkan bersama krim kental, mentega, coklat penaik, cip coklat dan serbuk espresso pada api sederhana.
b) Masak, kacau berterusan, sehingga coklat cair menjadi adunan yang licin dan pekat.
c) Angkat dari api dan pindahkan ke dalam mangkuk.
d) Sejukkan untuk sejuk selama kira-kira 1 jam.
e) Lapik loyang dengan kertas lilin.
f) Letakkan bebola kecil adunan coklat ke atas loyang yang disediakan.
g) Sejukkan sehingga bebola mengeras sepenuhnya.
h) Simpan di tempat yang sejuk dan kering.

78. Cappuccino Truffles

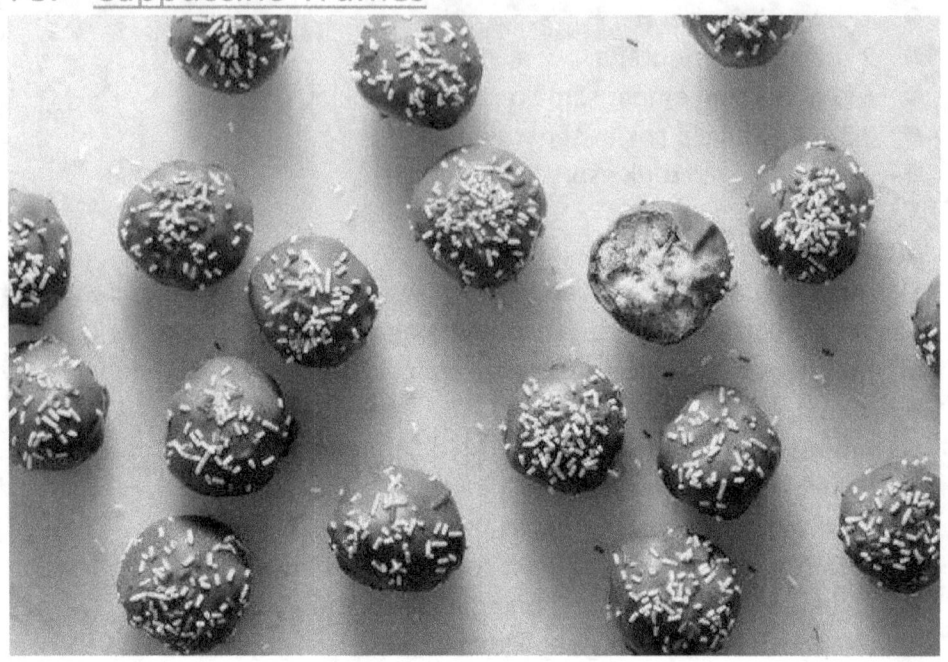

BAHAN-BAHAN:
- 2 sudu besar Kopi segera
- 2 sudu besar jus oren
- 2 sudu besar perisa Brandy
- 7 auns krim Marshmallow
- 3 cawan wafer coklat hancur
- 1 cawan pecan cincang
- 2 sudu besar kulit oren
- 2 sudu besar Koko
- 2 sudu besar gula manisan
- Kelapa (untuk salutan)

ARAHAN:

a) Mulakan dengan melarutkan kopi segera dalam campuran jus oren dan perasa brendi.

b) Satukan bancuhan kopi dengan marshmallow creme secara beransur-ansur menggunakan mixer sehingga sebati.

c) Masukkan wafer coklat yang telah dihancurkan, pecan cincang, dan kulit oren sehingga adunan sebati.

d) Bentukkan adunan menjadi bebola 1 inci.

e) Gulungkan separuh daripada bebola truffle dalam campuran koko dan gula gula sehingga ia bersalut sama rata.

f) Untuk bola truffle yang tinggal, gulungkannya dalam kelapa, memastikan salutan lengkap.

g) Letakkan cappuccino truffle di atas loyang atau dulang dan biarkan ia mengeras.

h) Setelah set, hidangkan dan nikmati cappuccino truffle anda yang lazat.

79. Truffle Kopi Ireland

BAHAN-BAHAN:
- 1/2 cawan krim berat
- 8 auns coklat gelap, dicincang halus
- 2 sudu besar wiski Ireland
- 1 sudu besar kopi segera
- Serbuk koko tanpa gula atau taburan coklat

ARAHAN:

a) Panaskan krim berat sehingga panas tetapi tidak mendidih.

b) Kacau dalam wiski Ireland dan kopi segera.

c) Tuangkan adunan krim ke atas coklat gelap yang telah dicincang dan biarkan selama satu minit.

d) Kacau sehingga anda mendapat ganache yang licin.

e) Sejukkan sehingga padat.

f) Canai menjadi bebola sebesar truffle dan salut dengan serbuk koko tanpa gula atau taburan coklat.

80. Espresso Badam Truffles

BAHAN-BAHAN:
- 8 auns coklat gelap, dicincang halus
- ½ cawan krim berat
- 2 sudu besar mentega tanpa garam, pada suhu bilik
- 1 sudu besar serbuk espresso segera, dilarutkan dalam air panas
- ½ cawan badam cincang, dibakar
- Coklat gelap dicairkan (untuk gerimis, pilihan)

ARAHAN:
a) Letakkan coklat gelap yang dicincang dalam mangkuk tahan panas.

b) Dalam periuk kecil, panaskan krim berat di atas api sederhana sehingga ia mula mendidih. Keluarkan dari haba.

c) Tuangkan krim panas ke atas coklat cincang dan biarkan ia tidak terganggu selama 1-2 minit.

d) Kacau adunan perlahan-lahan sehingga coklat benar-benar cair dan licin.

e) Masukkan mentega dan serbuk espresso terlarut. Kacau sehingga sebati sepenuhnya.

f) Tutup mangkuk dengan bungkus plastik dan sejukkan sekurang-kurangnya 2 jam atau sehingga padat.

g) Menggunakan sudu kecil atau sudu kecil, bahagikan ganache dan gulungkannya menjadi bebola.

h) Gulungkan truffle dalam badam panggang cincang untuk disalut.

i) Pilihan: Siramkan coklat gelap cair ke atas truffle untuk hiasan.

j) Simpan truffle di dalam peti sejuk sehingga sedia untuk dinikmati.

81. Tiramisu Truffles

BAHAN-BAHAN:
- 1/2 cawan keju mascarpone
- 8 auns coklat putih, dicincang halus
- 2 sudu besar Kahlúa (minuman keras kopi)
- Serbuk biskut Ladyfinger untuk digulung

ARAHAN:
a) Satukan keju mascarpone, Kahlúa, dan coklat putih cair.
b) Canai adunan menjadi bebola sebesar truffle.
c) Salut dengan serbuk biskut ladyfinger yang telah dihancurkan.

82. Kopi dan Truffle Hazelnut

BAHAN-BAHAN:
- 1/2 cawan krim berat
- 8 auns coklat susu, dicincang halus
- 2 sudu besar kopi kisar
- Hazelnut dicincang halus untuk salutan

ARAHAN:
a) Panaskan krim berat sehingga panas tetapi tidak mendidih.
b) Masukkan kopi yang telah dikisar.
c) Tuangkan adunan krim ke atas coklat susu yang telah dicincang dan biarkan selama satu minit.
d) Kacau sehingga anda mendapat ganache yang licin.
e) Sejukkan sehingga padat.
f) Gulungkan menjadi bebola sebesar truffle dan salut dengan hazelnut yang dicincang halus.

83. Karamel Macchiato Truffles

BAHAN-BAHAN:
- 1/2 cawan krim berat
- 8 auns coklat berperisa karamel, dicincang halus
- 2 sudu besar kopi segera
- Siram dengan coklat putih cair untuk hiasan.

ARAHAN:
a) Panaskan krim berat sehingga panas tetapi tidak mendidih.
b) Kacau dalam kopi segera.
c) Tuang adunan krim ke atas coklat cincang berperisa karamel dan biarkan seketika.
d) Kacau sehingga anda mendapat ganache yang licin.
e) Sejukkan sehingga padat.
f) Canai bebola sebesar truffle dan siram dengan coklat putih cair untuk hiasan.

84. Truffle Badam Mocha

BAHAN-BAHAN:
- 1/2 cawan krim berat
- 8 auns coklat gelap, dicincang halus
- 2 sudu besar espresso atau kopi pekat
- Badam panggang cincang untuk digulung

ARAHAN:

a) Panaskan krim berat sehingga panas tetapi tidak mendidih.

b) Masukkan espresso ke dalam krim panas dan kacau sehingga sebati.

c) Tuangkan adunan krim ke atas coklat gelap yang telah dicincang dan biarkan selama satu minit.

d) Kacau sehingga anda mendapat ganache yang licin.

e) Sejukkan sehingga padat.

f) Gulungkan menjadi bebola sebesar truffle dan salut dengan badam panggang yang dicincang.

85. Kopi dan Truffle Kelapa

BAHAN-BAHAN:
- 1/2 cawan krim berat
- 8 auns coklat gelap, dicincang halus
- 2 sudu besar kopi segera
- Kelapa parut untuk salutan

ARAHAN:
a) Panaskan krim berat sehingga panas tetapi tidak mendidih.
b) Kacau dalam kopi segera.
c) Tuangkan adunan krim ke atas coklat gelap yang telah dicincang dan biarkan selama satu minit.
d) Kacau sehingga anda mendapat ganache yang licin.
e) Sejukkan sehingga padat.
f) Canai bebola sebesar truffle dan salut dengan kelapa parut.

TRUFFLES CHEESY

86. Truffle Vanila Keju Krim

BAHAN-BAHAN:
- 1 (8 auns) bungkusan keju krim, dilembutkan
- 3 cawan gula gula, diayak
- 3 cawan cip coklat separuh manis, cair
- 1 1/2 sudu kecil vanila

ARAHAN:
a) Dalam mangkuk besar, masukkan keju krim dan pukul sehingga rata.
b) Perlahan-lahan, pukul dalam gula kuih-muih sehingga sebati.
c) Masukkan coklat cair dan vanila sehingga tiada kesan yang tinggal.
d) Sejukkan selama kira-kira 1 jam.
e) Buat bebola kira-kira 1 inci.

87. Truffle Coklat dan Keju Krim

BAHAN-BAHAN:
- 6 cawan cip coklat separuh manis
- 2 (8 auns) bungkusan keju krim, suhu bilik
- 6 cawan gula kuih-muih
- 1 sudu besar jus anggur

ARAHAN:
a) Simpan 1/2 cawan cip coklat untuk hiasan.
b) Cairkan baki coklat separuh manis dalam mangkuk kalis haba di atas kuali air yang hampir mendidih, kacau sekali-sekala sehingga cair dan licin.
c) Keluarkan dari api.
d) Dalam mangkuk besar, masukkan keju krim dan dengan pengadun elektrik, pukul sehingga lembut dan gebu.
e) Perlahan-lahan, masukkan gula kuih-muih, pukul berterusan sehingga sebati.
f) Masukkan coklat cair dan jus.
g) Sejukkan, ditutup selama kira-kira 1 jam.
h) Buat kira-kira 3/4-inci bebola daripada adunan dan susun pada lembaran pembakar yang dialas kertas lilin.
i) Dalam mangkuk selamat gelombang mikro, cairkan cip coklat yang dikhaskan sehingga licin.
j) Siram coklat cair ke atas truffle.

88. Keju dan Jam Truffles

BAHAN-BAHAN:
- 1 cawan cip coklat separuh manis
- 1 (8 auns) bungkusan keju krim, dilembutkan
- 3/4 cawan wafer vanila yang ditumbuk
- 1/2 Cawan jem raspberi tanpa biji
- 1 cawan cip coklat separuh manis

ARAHAN:

a) Dalam mangkuk selamat gelombang mikro, masukkan cip coklat dan ketuhar gelombang mikro pada Rendah dalam selang 30 saat, kacau selepas setiap cair, sehingga coklat licin selama kira-kira 1-3 minit.

b) Masukkan cream cheese ke dalam coklat cair dan pukul hingga rata.

c) Masukkan serbuk wafer dan jem raspberi.

d) Sejukkan, ditutup selama kira-kira 4 jam.

e) Buat bebola kira-kira 1 inci daripada adunan dan letakkan di atas loyang.

f) Bekukan selama kira-kira 1 jam.

g) Dalam mangkuk selamat gelombang mikro, masukkan baki 1 cawan cip coklat dan ketuhar gelombang mikro pada Rendah selama kira-kira 1-3 minit, kacau selepas setiap 30 saat.

h) Celupkan bebola coklat beku ke dalam coklat cair dan ketepikan sebelum dihidangkan.

89. Truffle Keju dan Kucai

BAHAN-BAHAN:
- 4 auns chevre, hancur
- 2 auns krim keju, dilembutkan
- 2 sudu besar jus epal
- Garam dan lada sulah secukup rasa
- 13 biji anggur
- 1/2 Cawan badam keseluruhan
- 1/4 cawan daun kucai yang dihiris nipis

ARAHAN:

a) Dalam mangkuk, masukkan chevre dan krim keju dan dengan garpu, gaul rata.

b) Masukkan jus dan secubit garam dan lada sulah dan gaul sehingga rata.

c) Sejukkan untuk menyejukkan selama kira-kira 30 minit.

d) Dalam menggoreng kering, masukkan badam pada api sederhana tinggi dan roti bakar, goncang kuali dengan kerap selama kira-kira 5 minit.

e) Pindahkan ke papan pemotong besar untuk menyejukkan.

f) Dengan pisau tukang masak, cincang badam dengan halus.

g) Ambil kira-kira 1 sudu besar campuran keju dan tekan 1 anggur di dalamnya.

h) Canai adunan menjadi bebola kecil.

i) Ulangi dengan adunan yang tinggal.

j) Dalam hidangan cetek, campurkan bersama badam dan kucai.

k) Salutkan setiap bebola truffle dengan adunan badam secara sekata.

l) Sejukkan, tutup sehingga dihidangkan.

90. Truffle Keju Cheddar dan Bacon

BAHAN-BAHAN:
- 8 auns keju cheddar tajam, dicincang
- 4 auns krim keju, dilembutkan
- 1/2 cawan daging masak, hancur
- 1/4 cawan daun kucai dicincang
- Paprika untuk habuk

ARAHAN:
a) Dalam mangkuk, campurkan keju cheddar yang dicincang dan keju krim lembut sehingga sebati.
b) Masukkan bacon yang telah hancur dan daun kucai yang dicincang.
c) Canai adunan menjadi bebola sebesar truffle dan taburkan dengan paprika.
d) Sejukkan sehingga ia ditetapkan.

91. Keju Biru dan Truffle Kenari

BAHAN-BAHAN:
- 6 auns keju biru, hancur
- 4 auns krim keju, dilembutkan
- 1/4 cawan kenari cincang
- Lada hitam yang baru dikisar untuk salutan

ARAHAN:
a) Satukan keju biru dan keju krim lembut sehingga rata.
b) Masukkan kacang kenari yang telah dicincang.
c) Canai adunan ke dalam bebola sebesar truffle dan salutkan dengan lada hitam yang baru dikisar.
d) Sejukkan sehingga set.

92. Brie dan Kranberi Truffles

BAHAN-BAHAN:
- 8 auns keju Brie, kulit dikeluarkan dan dilembutkan
- 1/4 cawan Kranberi kering, dicincang halus
- 2 sudu besar pasli segar yang dicincang
- Kacang hancur (cth, pecan atau badam) untuk salutan

ARAHAN:

a) Campurkan keju Brie yang telah dilembutkan dengan cranberi cincang dan pasli segar.

b) Canai adunan menjadi bebola sebesar truffle dan salutkan dengan kacang yang telah dihancurkan.

c) Sejukkan sehingga ia ditetapkan.

93. Keju Kambing dan Herba Truffle

BAHAN-BAHAN:
- 6 auns keju kambing
- 2 sudu besar herba segar (cth, kucai, thyme, atau rosemary), dicincang halus
- Lada hitam yang baru dikisar
- Bunga yang boleh dimakan untuk hiasan

ARAHAN:
a) Satukan keju kambing dengan herba segar yang dicincang.
b) Perasakan dengan lada hitam yang baru dikisar.
c) Canai adunan menjadi bebola sebesar truffle dan hiaskan dengan bunga yang boleh dimakan.
d) Sejukkan sehingga set.

94. Lada Jack dan Jalapeño Truffles

BAHAN-BAHAN:
- 8 auns keju jek lada, dicincang
- 4 auns krim keju, dilembutkan
- 2 sudu besar lada jalapeño jeruk, dicincang halus
- Cip tortilla dihancurkan untuk salutan

ARAHAN:
a) Campurkan keju jek lada yang dicincang dan keju krim lembut sehingga sebati.
b) Lipat dalam lada jalapeño yang dicincang.
c) Canai adunan ke dalam bebola sebesar truffle dan salutkan dengan cip tortilla yang telah dihancurkan.
d) Sejukkan sehingga ia ditetapkan.

PENJELASAN BERINSPIRASIKAN TRUFFLE

95. Kek Keju Truffled

BAHAN-BAHAN:
KERAK KERAP COKLAT:
- 1 1/2 Cawan serbuk wafer vanila
- 6 sudu besar gula halus
- 1/3 cawan serbuk koko tanpa gula
- 1/3 cawan mentega, cair

PENGISIAN:
- 3 (8 auns) bungkusan keju krim, dilembutkan
- 1(14 auns) tin Susu Pekat Manis
- 2 cawan cip coklat separuh manis, dicairkan
- 4 biji telur besar
- 2 sudu kecil ekstrak vanila

ARAHAN:

a) Tetapkan ketuhar anda kepada 300 darjah F sebelum melakukan perkara lain.

b) Dalam mangkuk, campurkan serbuk wafer, gula tepung, koko.

c) Di bahagian bawah dan 1/2 inci ke atas 1 kuali bentuk spring 9 inci yang tidak digris, letakkan adunan dan tekan dengan kuat ke bawah.

d) Dalam bekas lain, masukkan cream cheese dan pukul hingga kembang.

e) Perlahan-lahan masukkan susu pekat manis, pukul berterusan hingga rata.

f) Masukkan baki bahan dan gaul rata.

g) Letakkan di atas adunan serbuk ke dalam kuali.

h) Masak dalam ketuhar selama kira-kira 65 minit.

i) Keluarkan dari ketuhar dan sejukkan sepenuhnya.

j) Sejukkan untuk menyejukkan.

k) Hiaskan seperti yang dikehendaki.

96. Kek Cawan Truffle Hazelnut

BAHAN-BAHAN:
- 2 1/4 cawan tepung serba guna
- 1 cawan mentega
- 1/2 cawan serbuk koko tanpa gula
- 1 1/2 cawan gula putih
- 1 sudu besar serbuk penaik
- 3 biji telur, pada suhu bilik
- 3/4 cawan susu
- 24 truffle coklat-hazelnut
- 1/4 cawan kopi yang dibancuh kuat
- 1 (13 auns) balang taburan coklat-hazelnut
- 1 sudu teh ekstrak vanila
- 1/4 cawan hazelnut yang dicincang

ARAHAN:

a) Tetapkan ketuhar anda kepada 350 darjah F sebelum melakukan apa-apa lagi dan alaskan loyang muffin dengan pelapik kertas.

b) Dalam mangkuk, ayak bersama tepung, koko dan serbuk penaik.

c) Dalam mangkuk kecil kedua, campurkan susu, kopi dan vanila.

d) Dalam mangkuk besar ketiga, masukkan mentega dan gula dan dengan pengadun elektrik, pukul sehingga ringan dan gebu.

e) Masukkan telur satu persatu, pukul hingga sebati.

f) Masukkan adunan tepung berselang seli dengan adunan susu, gaul sehingga sebati.

g) Letakkan separuh daripada adunan ke dalam cawan yang disediakan secara merata.

h) Letakkan truffle yang tidak dibalut ke dalam cawan dan tekan di bahagian bawah dan sapukan baki adunan tepung ke atas setiap truffle.

i) Masak dalam ketuhar selama kira-kira 20-25 minit.

j) Keluarkan dari ketuhar dan biarkan kek cawan sejuk dalam kuali selama kira-kira 5-10 minit.

k) Berhati-hati, terbalikkan kek cawan ke rak dawai untuk menyejukkan sepenuhnya.

l) Sapukan coklat-hazelnut yang tersebar di atas kek cawan dan hiaskan dengan hazelnut yang dicincang.

97. <u>Truffle Torte yang ringkas</u>

BAHAN-BAHAN:
- 2 1/2 Cawan cip coklat separuh manis
- 1 cawan mentega
- 6 biji telur besar

ARAHAN:

a) Tetapkan ketuhar anda kepada 425 darjah F sebelum melakukan perkara lain.

b) Isi loyang 12 inci dengan 1 inci air dan letakkan tab mandi air di dalam ketuhar semasa dipanaskan.

c) Griskan loyang bentuk spring 9 inci dan alaskan dengan kertas minyak mentega dan dengan foil, balut bahagian luar loyang.

d) Dalam mangkuk selamat microwave yang besar, masukkan cip coklat dan mentega dan ketuhar gelombang mikro pada tetapan Nyahbeku selama kira-kira 1 minit.

e) Kacau dan teruskan pemanasan dalam ketuhar gelombang mikro selama kira-kira 1 hingga 2 minit lagi.

f) Letakkan mangkuk besar di atas periuk air mendidih dengan api sederhana dan masak dan kacau telur dalam mangkuk besar sehingga suam sahaja. Keluarkan dari haba dan pukul menggunakan pengadun elektrik sehingga tiga kali ganda isipadu dan puncak lembut terbentuk, kira-kira 5 minit.

g) Dengan spatula getah, lipat 1/2 daripada telur ke dalam adunan coklat.

h) Masukkan baki telur sehingga sebati.

i) Masukkan adunan ke dalam loyang bentuk spring yang telah disediakan dengan rata.

j) Susun kuali bentuk spring di dalam tab mandi air di dalam ketuhar.

k) Masak dalam ketuhar selama kira-kira 5 minit.

l) Dengan sedikit kerajang, tutup kuali dengan longgar dan masak selama kira-kira 10 minit lagi.

m) Keluarkan dari ketuhar dan sejukkan di atas rak dawai selama kira-kira 45 minit.

n) Tutup dengan bungkus plastik dan sejukkan selama kira-kira 3 jam hingga semalaman.

98. Truffle Tartufo Ais krim

BAHAN-BAHAN:
- 2 cawan susu penuh
- 1 cawan krim berat
- 1/3 cawan gula putih
- 4 biji kuning telur
- 1/3 cawan gula putih
- 1/2 cawan taburan coklat-hazelnut
- 2 sudu besar serbuk espresso segera
- 1/2 sudu teh ekstrak vanila
- 3 auns coklat pahit manis berkualiti halus, dicincang halus
- 8 ceri maraschino
- topping disebat beku, dicairkan

ARAHAN:
a) Dalam kuali, masukkan susu, krim, dan 1/3 cawan pada api sederhana.
b) Masak, kacau berterusan selama kira-kira 3-5 minit.
c) Dalam mangkuk, masukkan kuning telur dan 1/3 cawan gula dan pukul sehingga kuning telur menjadi berwarna cerah.
d) Masukkan 1/2 cawan adunan susu ke dalam kuning telur dan kacau hingga sebati.
e) Pindahkan adunan susu ke dalam kuali, kacau berterusan.
f) Masak, kacau berterusan selama kira-kira 8-10 minit.
g) Keluarkan dari api.
h) Masukkan serbuk coklat hazelnut, serbuk espresso dan vanila, kacau sehingga sebati.
i) Tapis melalui penapis mesh ke dalam mangkuk.
j) Sejukkan beberapa jam sehingga sejuk.
k) Pindahkan adunan ke dalam pembuat aiskrim dan bekukan mengikut arahan pengeluar.
l) Pindahkan Ais krim ke dalam bekas kedap udara dan masukkan ke dalam peti ais sehingga pejal.
m) Untuk membuat tartufo, cedok 4-auns bahagian Ais krim dan buat bebola dengan tangan anda.
n) Dengan garpu, cucuk lubang pada setiap bola dan letakkan 1 ceri di dalamnya.
o) Tutup dengan Ais krim dan letakkan di atas loyang.

p) Salutkan bebola Ais krim dengan coklat parut secara rata dan bekukan sebelum dihidangkan.
q) Hidangkan dengan topping yang disebat.

99. Kuki Truffle Koko

BAHAN-BAHAN:
- 4 (1 auns) petak coklat tanpa gula, dicincang
- 1 1/2 sudu teh ekstrak vanila
- 1/2 cawan tepung serba guna
- 1 cawan cip coklat separuh manis
- 2 sudu besar serbuk koko tanpa gula
- 6 sudu besar mentega
- 1/4 sudu kecil serbuk penaik
- 3 biji telur
- 1/4 sudu kecil garam
- 1 cawan gula putih
- 1 cawan cip coklat separuh manis

ARAHAN:
a) Dalam mangkuk logam, masukkan coklat tanpa gula, 1 cawan cip coklat dan mentega di atas kuali air mendidih, kacau sekali-sekala sehingga rata.
b) Angkat dari api dan ketepikan untuk menyejukkan.
c) Dalam mangkuk besar, masukkan telur dan gula dan pukul sehingga pekat dan pucat.
d) Masukkan vanila dan adunan coklat dan gaul sehingga sebati.
e) Dalam mangkuk lain, campurkan tepung, koko, serbuk penaik dan garam.
f) Perlahan-lahan masukkan adunan tepung ke dalam adunan coklat dan kacau hingga sebati.
g) Lipat dalam baki 1 cawan cip coklat.
h) Tutup doh dan sejukkan untuk menyejukkan sekurang-kurangnya sejam atau semalaman.
i) Tetapkan ketuhar anda kepada 350 darjah F.
j) Buat kira-kira bebola 1 inci daripada campuran coklat.
k) Susun bebola di atas helaian kuki yang tidak disapu dengan jarak kira-kira 2 inci.
l) Masak dalam ketuhar selama kira-kira 9-11 minit.
m) Keluarkan dari ketuhar dan biarkan biskut sejuk dalam kepingan biskut selama kira-kira 5 minit.
n) Berhati-hati, terbalikkan kuki ke rak dawai untuk menyejukkan sepenuhnya.

100. Pai Truffle Kuki Krim Sebat

BAHAN-BAHAN:
- 12 auns cip coklat separuh manis
- 1 1/2 Cawan krim putar berat
- 1/4 cawan gula gula diayak
- 1 sudu besar ekstrak vanila
- 1 (9 inci) kerak serbuk biskut coklat yang disediakan

ARAHAN:

a) Dalam mangkuk selamat gelombang mikro, campurkan bersama-sama cip coklat dan 1/2 daripada krim dan gelombang mikro di atas api selama kira-kira 1-2 minit, kacau selepas setiap 30 saat.

b) Ketepikan sejuk pada suhu bilik.

c) Masukkan gula & vanila.

d) Dalam mangkuk kecil, masukkan krim dan pukul sehingga puncak lembut terbentuk.

e) Perlahan-lahan masukkan adunan coklat dan pukul dengan kelajuan tinggi hingga sebati.

f) Letakkan adunan ke dalam kerak.

g) Sejukkan sekurang-kurangnya 8 jam sebelum dihidangkan.

KESIMPULAN

Dalam dunia kuih-muih, beberapa hidangan boleh menandingi kemerosotan dan daya tarikan universal truffle coklat. Daripada asal-usul mereka yang sederhana kepada status semasa mereka sebagai simbol kecemerlangan masakan, sfera keseronokan yang lazat ini terus memikat selera di seluruh dunia. Sama ada dinikmati sebagai kesenangan peribadi atau dikongsi dengan orang tersayang, truffle coklat menawarkan pelarian seketika ke alam kebahagiaan murni. Jadi, pada kali seterusnya anda mengidamkan hidangan yang indah, biarkan truffle coklat membawa anda ke dunia kemewahan dan keseronokan yang tiada tandingannya.

www.ingramcontent.com/pod-product-compliance
Lightning Source LLC
Chambersburg PA
CBHW071330110526
44591CB00010B/1092